少しのコツで不正・ミスを賢くチェック！

[新訂版]

「おかしな数字」をパッと見抜く会計術

公認会計士
山岡 信一郎

清文社

改訂にあたって

　2009 年に初めて本書の先駆けとなる『「おかしな数字」をパッと見抜くカリスマ会計学』が出版されてから早 6 年の歳月が経過しました。おかげさまで本書の内容をテーマとしたセミナーも開催させていただいています。驚くべきは、この間に、相変わらず大小様々な決算書上の不正やミス（本書でいう「おかしな数字」）が発生しているということです。

　2011 年のオリンパス事件と大王製紙事件はまだ記憶に新しいところですが、2015 年度（2015 年 4 月 1 日～2016 年 2 月 9 日）に不適切な会計で過年度決算に影響が出た（または今後影響が出る可能性がある）旨の適示開示を行った上場会社は、43 社（2014 年度は 42 社）あり、過去最多を記録しました（東京商工リサーチ調べ）。

　なぜ、こうした「おかしな数字」はなくならないのでしょうか。

　本書を書き下ろした当初からの私の主張は、「『おかしな数字』を見抜くノウハウや考え方が企業内から失われつつあるからではないか」ということです。もちろん、経理部門や内部監査部門などが「おかしな数字」と知った上で、不正会計が行われることもあります。「おかしな数字」を見抜くノウハウを悪用して、逆に気付かせないようなことも考えられます。しかし、「おかしな数字」を含む決算書を作ることを「おかしい」と思わない企業体質が未だはびこるのも、「おかしな数字」に対する基本姿勢が失われていることが背景にあるのではないでしょうか。

　2015 年 3 月に公表された「コーポレートガバナンス・コード原案」を受けて、2015 年 6 月 1 日から東京証券取引所に上場する企業に対し、「コーポレートガバナンス・コード」が適用されることになりました。当コードでは、適切な情報開示と透明性の確保が基本原則の 1 つとして取り上げられ、情報開示における「おかしな数字」や「おかしな情報」を防ぐための体制整備が重要であることが謳われています。

まさに「おかしな数字」に対する基本姿勢の重要性は、日増しに高まっているということです。

　初版以降のこうした意識の更なる高まりを背景に、今回改訂版を出版する運びとなりました。「おかしな数字」を見抜くための基本姿勢を学ぶという趣旨からは、内容を大きく変更する必要はないと考え、内容的に難しいと思われる連結決算に関する説明を省く代わりとして、理解をより深める目的でケーススタディを取り入れることにしました。これにより、「おかしな数字」に対する基本姿勢を身に付ける上での一助となれば、この上ない喜びです。

　最後に、多忙な中、原稿のチェックにご協力いただいた公認会計士　三林昭弘氏および同　鈴木大輔氏に感謝申し上げます。また清文社の藤本優子氏には、本書がより分かりやすいものになるよう、様々なご指摘やアドバイス等をいただきました。深く御礼申し上げます。

2016 年 5 月

㈱ヴェリタス・アカウンティング代表取締役

公認会計士　山岡　信一郎

はじめに

2009年12月に『「おかしな数字」をパッと見抜くカリスマ会計学』というタイトルで、本を書きました。そのきっかけとなったのは、当時経理部などの数字を扱う部門において、「おかしな数字」を見抜くノウハウや考え方が現場から徐々に失われているのではないか、という危機感を痛烈に覚えたことでした。

かつて数字を扱うような部門には、会社の数字に紛れ込むミスや不正を、限られた人員と時間の中で効率的に見つけ出すノウハウや考え方があったように思います。それらは、OJT等を通して、脈々と上司や先輩から部下や後輩に引き継がれていったものですが、近年経理部などの人員は極限まで削減され、決算発表までの期間は短くなり、さらには会計基準が複雑化していることもあり、なかなかこうしたノウハウや考え方などが伝えられていく余裕もなく、またそれを伝えるために文書化する時間もない企業環境が一般的であるように感じられました。

同書の出版から3年以上経ちましたが、こうした状況は現在においても変わらず、むしろますますノウハウ伝承の環境は悪化しているように感じます。一方でその間にも世の中では大小様々な不正事件や決算書上のミスが発生し、「なぜ気付かなかったのか」ということが相変わらず指摘されていますが、有効な対応策が講じられているようには思えません。中には、「本書を読んで、『おかしな数字』を見抜くノウハウや考え方に少しでも触れていれば、おかしいと気付けたはずなのに」と感じられる粉飾事件なども少なくありません。もしかすると、会社において有効な対応策が講じられていないのは、人材面や経費面からの制約が原因なのではなく、「おかしな数字」を見抜くノウハウや考え方を社内で教育し蓄積していこうとする意識自体が希薄だからではないか、とさえ感じることもあります。

そこで、こうした状況が少しでも改善されることを願い、この度『「おか

しな数字」をパッと見抜くカリスマ会計学』をリニューアルすることとしました。本書の趣旨をより明確に表すため、書名を『少しのコツで不正・ミスを賢くチェック！「おかしな数字」をパッと見抜く会計術』と改めました。最近の不正事例等を踏まえた上でも、「おかしな数字」を見抜く上での基本となるノウハウや考え方については大きく変わるものではありませんが、理解を容易にするための説明を加えたり、新会計基準や税制改正などを反映させたりして、部分的な改善を図ったものに仕上げています。

　本書は現時点の会計基準を前提に説明していますが、たとえ会計基準が改正されたとしても、ここで取り上げた「おかしな数字」に対する基本姿勢を身に付ければ、「おかしな数字」を見抜く上での十分な効果を得られるものと信じてやみません。

　なお、本書で取り上げた経験談については、守秘義務の関係上、事実関係が特定されないように、内容に若干手を加えていることをあらかじめご了承ください。また仕訳例については、会計監査人との相談の上で採用することをお勧めいたします。

　最後に、本書をリニューアルするにあたり、多忙な中、原稿のチェックにご協力いただいた、フェリックスジャパン株式会社代表取締役の公認会計士三林昭弘氏に感謝申し上げます。

　また、本書をリニューアルするにあたり、清文社の宮﨑亜紀彦氏にはよりわかりやすい表現にするためのアドバイス等をいただきました。深く御礼申し上げます。

2013 年 4 月

㈱ヴェリタス・アカウンティング代表取締役

公認会計士　山岡 信一郎

目 次
contents

第1章 「おかしな数字」に対する基本姿勢

1 「おかしな数字」を見抜く ——あなたは「おかしな数字」を意識しているか? ……3

 ① 「おかしな数字」には2種類ある　*3*

 ② 「おかしな数字」を見抜くために必要なモノ　*4*

2 漫然と数字を受けとめていないか? ——まずは聞いてみよう ………7

 ① 質問の仕方で数字が正しいかわかる　*9*

  なぜ正しいか——正しいことを確認する方法を知る／正しい数字をつくるという意識——質問の効果

 ② 経理担当者に確認すべきこと　*12*

  「数字を読む」ことをしたか?——経理担当者の資質／基礎的な数字を頭に入れておく——売上高、当期純利益、資本金 ほか

3 「数字を読む」ことができるか? ——数値比較をしてみよう …………15

 ① 会社外部から数字を読む　*16*

  前期数値から何がかわったか?——前期比較／他の情報との整合性はとれているか?——定性的情報／前期比較の欠点——知った上で利用しよう

② 会社内部から数字を読む　22

　　想定外の事象は発生していないか?——予算実績比較／数値の動き

　　を月ごとに追ってみる——月次推移

❹ 簿記の考え方だけは知っておこう!——ツールとしての簿記 ………31

　① 複式簿記は優れた記録方法である　31

　　1つの取引を2つの側面から記録する——借方と貸方／借方合計と

　　貸方合計は必ず一致する——貸借一致の原則

　② 勘定科目には2種類ある　36

　③ 勘定科目と数字から「仕訳→取引」が頭に浮かぶか?　38

❺ 数字は常に客観的であるわけではない——経営者の意図が数字に表れる!……41

　① 数字以外の要素で数字がかわる　41

　② 経営上の誤った意図が「おかしな数字」を生む　43

　③ 「自分では判断しない」という経営者の意図　43

❻ 量的境界線の設定の難しさを知ろう——「砂山のパラドックス」……45

　① 明確な基準がないことが妥当なこともある　45

　② 会計と砂山のパラドックス　46

　③ 「何が合理的か」は経営者が決める　47

❼ 数字を読む上でのちょっとしたテクニック——知っておくと必ず役立つ!………49

　① 「間違っていないかどうか」のチェック　49

　② 「おおむね合っているか」のチェック　50

　③ 有価証券報告書等の合計が合っているかどうかのチェック　51

　④ 入力間違いがないかどうかのチェック　53

第2章 勘定科目はこう見る！──勘定科目別・おかしな数字の見分け方

1 勘定科目と「おかしな数字」──勘定科目の性質とその管理を知る ……… 57

2 経営および管理の基本──現金 …………………………………………… 59

①　現金管理とは　59

　　金種表を抜き打ちチェックしよう──現金実査の重要性／小口現金

　　はこの方法で管理する──定額資金前渡制度

②　現金出納帳はこう見る　61

【CASE STUDY】現金出納帳の「おかしな数字」(1)～ありえない残高　64

　　　　　　　　現金出納帳の「おかしな数字」(2)～なぜ現金取引か？　65

3 銀行の残高証明書と一致していれば

十分というわけではない──預金 …………………………………… 67

①　預金の管理　67

②　預金残高が正しければそれでよいか　69

　　増減額をチェックする方法──キャッシュ・プルーフ／帳簿に記録され

　　ていない取引を見抜く──不正の存在

【CASE STUDY】銀行預金通帳の「おかしな数字」～引き出しのタイミング　73

4 いくらで評価すればよいのか──有価証券・投資有価証券 ………… 74

①　時価のある有価証券　74

　　減損処理しなければならない下落率とは──減損ルール／正しい減

　　損ルールか──会計基準の趣旨に則したルール

②　時価のない有価証券　77

【CASE STUDY】投資有価証券の評価検討資料の「おかしな数字」

　　　　　　　　～減損要否の検討は十分か？　78

5 **どのようにして存在を確認するか** ──売掛金 ················80

  ① **売掛金の管理** 80

    先方に書面で確認する──残高確認書／残高確認書は回収で終わらない──差異分析／差異が発生していないことがおかしいこともある──残高確認書自体の誤り

  ② **売掛金台帳の見方** 84

    売掛金残高がマイナスになっていないかを確認──ありえない残高／売掛金の決済条件と残高の整合性を確認──あるべき売掛金残高／カイティング──回収偽装方法

  ③ **俯瞰的に売掛金残高をとらえる** 88

  ④ **売掛金の回収可能性を検討しているか** 89

【CASE STUDY】売掛金年齢表の「おかしな数字」〜滞留しているのは分かるが… 91

6 **これを見れば会社の管理レベルがわかる** ──棚卸資産 ············93

  ① **棚卸資産の管理** 93

    重要なのは不一致の原因を調査すること──実際の在庫残高と継続記録／2つの実地棚卸方法──タグ方式とリスト方式

  ② **棚卸資産の継続記録の見方** 96

    売れていない在庫は何か?──滞留在庫データ／滞留仕掛品に着目しよう──製品、半製品、原材料の滞留との関係／オーダーの振替え──滞留逃れ／不自然なオーダー──利益・損失の計上のタイミングを操作する

  ③ **俯瞰的に棚卸資産残高をとらえる** 100

    どれくらいの棚卸資産を保有するか?──棚卸資産の回転期間／回転期間を使って平均在庫を算出する──実際在庫と平均在庫との比較／在庫の過大計上例──架空在庫／あわせて、滞留在庫に気を付ける──評価損計上の要否

【CASE STUDY】実地棚卸差異分析表の「おかしな数字」〜本当に問題がないのか? 105

        棚卸資産年齢表の「おかしな数字」〜年齢表の前期比較 106

7 どのように費用化していくか ——有形固定資産 ·················108

① 有形固定資産の管理　*108*

② 減価償却費を決定する要素　*109*

留意すべき要素①——償却開始日／留意すべき要素②——耐用年数

③ 減価償却費から「おかしな数字」を見つける　*111*

減価償却費の概算額の算定——オーバーオールテスト／オーバー
オールテストの注意点——期中取得と売却時の補正／発見された問
題点の事例——減価償却費未計上

④ 建設仮勘定には気を付けよう　*116*

建設仮勘定を本勘定に振替え忘れていないか?——稼働報告書の
重要性／建設仮勘定に資産性はあるか?——建設仮勘定の滞留状
況のチェック／建設の進捗管理が重要——計画・予算との比較

【CASE STUDY】固定資産増減明細表の「おかしな数字」〜建設仮勘定の減少　*119*

8 見えない資産をどうやって管理しているのか ——無形固定資産 ·········120

① 無形固定資産の管理　*120*

② ソフトウェアの管理　*121*

③ のれんの管理　*123*

【CASE STUDY】減価償却明細の「おかしな数字」〜使用されていないソフトウェア?　*125*

9 中身の見えない勘定に気を付ける ——その他資産 ·················127

① 仮勘定の管理　*127*

② 仮払金勘定の使われ方　*129*

あえて本勘定を使わない理由——貸付金の場合／長期未精算の仮
払金には注意する——裏取引の存在／費用計上を遅らせるための
仮払金——利益操作

③ 仮払金をチェックすることで「おかしな数字」を見つける　*131*

仮払金精算のルールを確認する——ルールがなければ問題／手続
は経ているか——仮払申請手続／精算前の再度の仮払い——横領

のケース

【CASE STUDY】仮払金明細の「おかしな数字」〜内容は何?　*134*

⓾ 漏れがないことをどのように確認するか ──仕入債務 …………135
 ① 仕入債務の管理　*135*
 ② 仕入が計上されるタイミングとは　*136*
 ③ 検収作業の網羅性を確認する　*137*
 ④ 俯瞰的に仕入債務残高をとらえる　*138*

【CASE STUDY】発注済未検収一覧の「おかしな数字」
     〜なぜ仕入債務が計上されていないか?　*140*

⓫ 計上根拠を理解しているか ──その他負債 ………………………142
 ① その他負債の管理　*142*
 ② 給与取引　*143*
 ③ 社会保険関係取引　*144*
  労働保険料取引──労災保険と雇用保険／社会保険料取引──
  健康保険と厚生年金保険
 ④ 保険料率と納付期限がポイント　*150*
 ⑤ 税金関係取引　*153*
  支払給与に係る源泉所得税──源泉徴収税額表／年末調整がポイ
  ント──通常は還付となる

【CASE STUDY】預り金明細の「おかしな数字」〜なぜ残っているか?　*159*

⓬ 誰がやっても同じ金額で計上されるか ──引当金 ………………160
 ① 引当金の管理　*160*
  会計基準だけで実務はまわらない──社内基準の必要性／一定水
  準以上の基準を自社で設定する──合理的な見積りや判断の担保
 ② 見積りについての社内基準を見る　*162*
  一般債権の社内基準──貸倒実績率のとらえ方／貸倒懸念債権の

社内基準——貸倒れが懸念される具体的事象／破産更生債権等の
社内基準——実質的な破綻

③ 債権の年齢調べ表（Aging List）を見る　*165*

そもそも年齢調べ表は正しく作成されているか——チェックポイント／
年齢調べ表が誤っているとどうなるか——貸倒引当金の誤計上額

【CASE STUDY】貸倒引当金算定資料の「おかしな数字」〜十分に計上されているか　*168*

13　やはり税務の知識が必要 ——税金関係 ································· 170

① 押さえておくべき税金知識　*170*

② 法人税とは　*170*

③ 住民税とは　*171*

④ 事業税とは　*173*

⑤ 消費税とは　*176*

⑥ 税効果会計　*177*

⑦ 税金費用に「おかしな数字」がないかどうかは税率差異分析でわかる　*179*

【CASE STUDY】税金関係勘定科目推移表の「おかしな数字」
　　　　　　　〜差異が生じたとき　*183*

14　貸借対照表に表れるか ——偶発債務 ································· 185

① 偶発債務とは何か　*185*

② 偶発債務が引当金として計上されるとき　*186*

合理的な見積り——適正な手続のルール化／適正な手続とは——
ルール化のポイント

【CASE STUDY】偶発債務の「おかしな数字」〜引当金を計上すべきか否か　*190*

15　対応関係が常に重要 ——売上高・売上原価 ···················· 192

① 売上の認識基準　*192*

② 売上総利益率の比較　*193*

③ 売上認識に誤りはないか　*194*

どの売上基準が妥当か——さまざまな計上基準／売上計上日の根拠
となる資料は何か——売上計上基準に則した資料

【CASE STUDY】売上・売上原価対応表の「おかしな数字」〜ありえない数字　*197*

⓰ その経費は正しく表現されているか ——販売費及び一般管理費 …… 199
- ① 販売費及び一般管理費の性質　*199*
- ② 売上高の動きと合わせてみる　*200*
  売上高と逆方向に変化したケース——人件費のケース／販管費と製
  造原価の比率の変化に着目する——合理的な理由の有無
- ③ 販管費と製造原価の割合の推移に気を付ける　*203*
- ④ 正しい勘定名で経費が表現されているか　*204*

【CASE STUDY】月次推移表の「おかしな数字」
　　　　　　　　〜売上高推移との連動しない費用　*205*

⓱ 「その他」に何が含まれるのか ——営業外収益・費用 ……………… 207
- ① 「営業」と「営業外」　*207*
- ② 営業外損益に含まれる「その他」に気を付ける　*208*

【CASE STUDY】営業外費用（その他）内訳明細の「おかしな数字」〜内容は何？　*210*

⓲ 何が特別なのか ——特別利益・損失 …………………………………… 212
- ① 特別項目に含まれるもの　*212*
- ② 特別項目に経常項目が含まれていないか　*214*

【CASE STUDY】内訳明細の「おかしな数字」〜内容は何？　*217*

第3章 決算整理仕訳はこう見る！——決算整理仕訳に潜む「おかしな数字」

❶ 決算整理仕訳に注目する必要がある理由 ——見積りや判断を伴う …… 221

2 漏れなく計上されていることをどうやって確認するか ──経過勘定 ⋯⋯⋯ 224

3 会計監査で問題となることが多い ──期末評価を要する勘定科目 ⋯⋯⋯ 227
 ① 期末評価の対象となる勘定科目　*227*
 ② 期末評価における注意点　*228*
  期末評価を失念していないか──期末評価の要否の判断／何を評
  価額とするか──合理的な見積り

4 どこまで正確さが求められるか ──見積りを伴う勘定科目 ⋯⋯⋯⋯ 234
 ① 見積りを伴う勘定科目とは何か　*234*
 ② 経営者の意図がどこにあるか　*235*
 ③ 無理な見積りは必ず論理破綻する　*236*
 ④ 合理的な前提条件とは　*238*
 ⑤ 発生確率50％という考え方　*239*
 ⑥ どこまで正確性が求められるのか　*241*

イラスト：㈱メディア・ミル

第 **1** 章

「おかしな数字」
に対する
基本姿勢

「おかしな数字」を見抜く

あなたは「おかしな数字」を意識しているか?

「おかしな数字がないか、よく数字を見ておけ」

ビジネスにおいて、このような言い方をよくします。では、「おかしな数字」とはいったいどのようなものをいうのでしょうか。

1 「おかしな数字」には 2 種類ある

たとえば、会社の決算を例に考えてみましょう。実際にモノが売れていないにもかかわらず売上を帳簿に載せると、決算書の売上高と売掛金は「おかしな数字」になりますし、借入があるにもかかわらず帳簿に載せないと、借入金残高が「おかしな数字」になってしまいます。これらのケースにおける「おかしな数字」とは、不正もしくは誤謬(ごびゅう:ミスをすること)の結果として生じた「誤った数字」といえます。

一方、それに対して、たとえば決算数値を前年比で見て、著しく売上が増加もしくは減少した場合、当期の売上高は「おかしな数字」ではないか、という言い方をすることがあります。このケースにおける「おかしな数字」とは、通常とは異なる何らかの事象が発生した結果生まれた「説明がつかない、異常な数字」、もしくは「説明を要すべき、特殊な数字」といえるかと思います。ここで気を付ける必要があるのは、「異常=誤り(もしくは不正)」

3

第1章「おかしな数字」に対する基本姿勢

ではない、ということです。先ほどの売上高のケースでいえば、特需により売上高が激増した場合、その特需という事象が把握された瞬間に、「おかしな数字」は「おかしくない数字」になります。

このように「おかしな数字」には、不正もしくは誤謬により生じたものと、異常事象もしくは特殊な事象の結果として生じたものとに大別できるかと思います。これら「おかしな数字」に共通していえることは、「おかしな数字」を見抜く、見極めるということは、会社の決算に不正や誤謬がないかを検討するためにも、また説明を必要とする事象が発生していないかを知るためにも、とても重要だということです。

だとすれば、決算書にかかわるあらゆる人にとって、「おかしな数字」を理解し見抜くということは、必要不可欠な知識やノウハウといえます。

2 「おかしな数字」を見抜くために必要なモノ

私が新人会計士のころ、私と先輩会計士のAさんは、ある上場会社の子会社を監査することになりました。現場に着くと、さっそく監査に必要な資料をお願いしました。監査では、さまざまな資料が必要となりますから、貸借対照表や損益計算書などといった決算書やそのもととなる試算表、総勘定元帳、補助元帳などを準備してもらうことになります。

Aさんは、その会社の経理部長から提出された決算書を見て、私に「何かがおかしい」と言いはじめました。Aさんが「おかしい」と指摘したのは損益計算書を見てのことでしたが、私には何が「おかしい」のか、まったくわかりませんでした。Aさんがそのとき、私に言ったことは、「販管費（「販売費及び一般管理費」のこと）のなかに、外注費が1,200万円ある。外注費は製造原価として計上されることが多いはずなのになぜだ？ この会社で営業や

1 「おかしな数字」を見抜く

経理を外注に出したという話を聞いたこともないぞ。しかも外注費が1,200万円ピッタリというのはどういうことだ？ 毎月100万円定額で外注費が発生しているのか？」というような内容でした。

　そこで契約書や請求書などを詳細にチェックすることになりました。すると、各資料に不自然な点が多く発見され、何を外注に出したのか、どのような作業を外部にやってもらったのか、不明瞭な状態だったのです。結局、社長を問い詰めると、社長の親戚の会社に架空の注文を出して、毎月100万円の資金をその会社に流していたことがわかりました。

　といっても、このエピソードと同じような勘定科目や数字が決算書に表れてくれば、必ずそこには不正があるのかといえばそうではありません。あくまでその会社の状況を把握した上で導かれた「おかしな数字」の見分け方をする必要があるということです。

　私は当時、「おかしな数字」を見抜くためには、必ず証拠書類を確認しなければならない、と思っていましたので、Aさんが決算書をちょっと見ただけで不正の糸口を発見したのは、非常に印象的でした。Aさんは、単に「外

注費が販管費に計上されていれば、それは不正だ」とか「ピッタリの数字には気を付けろ」などという見方で、決算書を読んだわけではありません。

当時の私にはその「おかしな数字」の見分け方について、よくわかりませんでしたが、Ａさんが「何らかの視点」をもっていたから「おかしな数字」を見分けられたのだな、ということだけはわかりました。

では、「おかしな数字」を理解し見抜くためには、どのような「視点」をもっていればよいのでしょうか。同じ数字を見ても、ある人は気付き、ある人は気付かない。この違いはどこにあるのでしょうか。それは一言でいえば、「おかしな数字」を意識しているか、ということにつきますが、では具体的にどういうことを「意識」すればよいのでしょうか。

まず、この「意識」する上で欠かせないと思われる「おかしな数字」に対する基本姿勢というものを、具体的に考えてみましょう。

POINT

「おかしな数字」は、ビジネスのあらゆるシーンに登場するということをまず意識せよ。

漫然と数字を受けとめていないか？

2

まずは聞いてみよう

　企業の財政状態や経営成績を表現した書類は、金融商品取引法上は「財務諸表」、会社法上は「計算書類」とよばれます。本書ではこれらを統一して「決算書」とよぶことにします。では、この決算書には、具体的にどのような資料があるのでしょうか。

　それぞれ法律上、作成が必要とされる書類は若干異なりますが（図表1-1）、貸借対照表、損益計算書、株主資本等変動計算書はいずれの法律においても作成が必要とされています。

　こうした決算書は、でき上がりを見ると、どれも正しく作成されているかのように見えます。ですが決算書は、日々の取引を正しく記帳することから始まって、期末における決算整理を経て作成されるだけに、そこに至るまでの手続は会社の規模にもよりますが多種・多量です。現金の実査、銀行残高

図表1-1　法律で要求される決算書（単体）

	金融商品取引法 「財務諸表」	会社法 「計算書類」
貸借対照表	○	○
損益計算書	○	○
株主資本等変動計算書	○	○
キャッシュ・フロー計算書	○	
附属明細表	○	

第1章 「おかしな数字」に対する基本姿勢

証明書との照合、有価証券の時価評価、棚卸資産の実地棚卸や期末評価、未経過利息の計算など、これらの手続にひとつでも誤りがあると正しい決算数値は集計されないということを考えると、いかに正しい決算書を作成することは難しいかということがわかるかと思います。

　もし、あなたがこの決算書を作成するための工程のどこかに携わっていたとするなら、どのようなチェックを行えば正しい決算書を作成することができるでしょうか。そもそも決算数値が、どのような手続を経て集計されているか、理解しているでしょうか。たとえ経理部長であっても、経理事務を長年経験した人とは限らないため、自社の決算書が作成されるプロセスを十分に知らない人もいるでしょう。しかし、知らないからといって、数値が正しく集計されているかどうかがわからなければ、経理部長としての責任を全うしているとはいえません。

　では、決算数値の集計の過程について詳しく知らない人は、決算書が正しく作成されているかどうか、どのようにして確認すればよいのでしょうか。それとも、やはり決算数値を集計する過程を把握しておかなければ、決算書が正しいかどうか見分けることはできないのでしょうか。

　この疑問に対する答えは簡単で、まずはその数値をつくった担当者に聞いてみればよいのです。実に当たり前なことと思われるかもしれませんが、意外に行われていないことも多いようです。それは、「上司として部下にやり方を聞くというのは立場上恥ずかしいから」とか、「そのような手続が必要であることを知らないことが部下にばれてしまうから」とか、いろいろな理由はあるでしょう。また、「現場が忙しいので聞くに聞けない」ということもあるかと思います。

　そこで「いかに効率よく、決算書が正しく作成されているかを確認するか」ということについて、考えてみましょう。

8

1 質問の仕方で数字が正しいかわかる

　たとえば上場企業において、経理部長自身が決算数値をすべて確認することは実務的ではありません。当然、経理担当者に作業を分担させこれを管理することで決算数値が正しく集計されていることを確認することになります。問題はその確認の仕方です。自分自身が、担当者と同様の作業を実施してみて確認するという方法も考えられますが、効率的な方法とはとてもいえません。
　そこで、ここでは担当者に質問するという方法を考えてみましょう。

① なぜ正しいか ── 正しいことを確認する方法を知る

　経理担当者は正しい数字を作るために、さまざまなチェックを行っているはずです。まずはその方法について質問してみます。
　たとえば「現金」を考えてみましょう。「この現金残高が正しいということについて、どのような確認を実施したか」と質問したとします。もし、キ

第1章「おかしな数字」に対する基本姿勢

チンと確認する担当者であれば、「帳簿残高と現金を調べた結果とを照合し、一致を確認したうえで決算数値としました」とコメントすることでしょう。逆に言えば、このようなコメントがなされない場合、集計された数値が正しいかどうか、確認されていない可能性があるということです。もし確認が十分に行われていない可能性があるならば、自分で本当に現金残高が正しいかどうかの確認を行ったほうがよいでしょう。でないと「おかしな数字」を見逃してしまうことにもなりかねません。

　ある会社では、製品保証引当金を前期に比べ多額に計上していました。このとき、私がまず質問したのは、「この製品保証引当金が過不足なく正しく計上されていることを説明してください」ということでした。担当者からの回答は、「将来、販売した機械の無償保証が見込まれるので、1台当たりの修繕費を見積もり、販売台数分の製品保証引当金を計上しました」というものでした。

　そこで再度私は、「1台当たりの修繕費はどのように見積もりましたか」と確認したところ、「過去の経験からだいたいの見当で私が見積もってみました」とのことでした。さらに私は、「修繕費は、販売したすべての機械に発生する可能性が高いのですか」と質問したところ、「販売したすべての機械というわけではありません」との回答が返ってきました。

　私は、製品保証引当金計上の手続について詳細を知っていたわけではなく、また多くの資料を見ていたわけでもありません。それでも、数回の質問によりこの会社で計上されている製品保証引当金の金額の精度に疑問をもつことになったわけです。

　説明するまでもないですが、問題となるのは、担当者の「だいたいの見当で」と「販売したすべての機械というわけではない」とのコメントです。だいたいの見当では、「合理的に」金額を見積もったことにはならないため、会計上「引当金」の要件を満たしません。

【参考】引当金の要件（企業会計原則注解 18）

> （ア）　将来の特定の費用または損失であること
>
> （イ）　発生が当期以前の事象に起因すること
>
> （ウ）　発生の可能性が高いこと
>
> （エ）　金額を合理的に見積もることができること

　また、販売したすべての機械に修繕が必要というわけではないということであれば、修繕という事象の発生可能性が、合理的に見積もられていないことになります。

　結局、この会社が計上した製品保証引当金には「おかしな数字」が含まれている可能性が高いことがわかりました。

会社が考えた計算式

　製品保証引当金　＝　１台当たりの修繕費　×　販売済機械台数

疑問点

　①　１台当たりの修繕費は過去の実績から合理的に算出されたものか

　②　販売したすべての機械につき、修繕費が発生するのか

　その後、合理的に見積もったと考えられる計算方法で再計算してもらったところ、１台当たりの修繕費は、当初の見積りより少なくなり、また販売済機械台数に過去の実績から割り出した修繕発生率を考慮したことにより修繕発生見込台数は減少しました。このことにより製品保証引当金は、当初の残高から大幅に減少した金額で計上されることになったのです。

第1章 「おかしな数字」に対する基本姿勢

修正された計算式

$$製品保証引当金 = \frac{過去3年間の1台当たりの修繕費実際発生額の平均値}{} \times 修繕発生見込台数（＝販売済機械台数×修繕発生率）$$

---

② 正しい数字をつくるという意識 ── 質問の効果

　基本的に「決算書におけるこの勘定科目の残高が正しいことについて、どのように確認したか」と質問してみることは、経理担当者が「正しい数字をつくる」ということについて、どのように意識しているか確認する上でもよい方法だと思います。どうしてもルーチンワークは、「前回も同様の方法で行っていたから」という理由で、作業自体の意義も目的も意識されず行われていることが多くなりがちです。もちろん、上司として「何が行われていれば、手続として十分か」「重要なポイントは何か」ということは正しく知っておく必要があります。

2 経理担当者に確認すべきこと

① 「数字を読む」ことをしたか？ ── 経理担当者の資質

　経理担当者に要求されることはさまざまです。会計・簿記の知識、数字に対する緻密さなど、いろいろあります。なかでも非常に重要なことは、「数字を読む」ことを意識しているか、ということでしょう。このことを意識できている人とそうでない人では、経理担当者としての資質に雲泥の差があります。

　「数字を読む」ことの意識の仕方は人それぞれかもしれません。しかし、

経理という仕事は、単に数値を集計しているわけではなく、その数値の背景にある経済実態を常に意識し、さまざまな判断を行った上で決算数値をつくり上げるものだということを十分理解しておく必要があります。さらに言えば、この意識は経理担当者に限らず、すべてのビジネスパーソンにとって重要な意識といってもよいかもしれません。

ある会社で為替差益が前期に比較して多く計上されることがありました。それを見た経理課長は、「何かおかしい。当社には外貨建て取引はアメリカへの輸出しかないし、この1年の為替相場を見るとずっと円高傾向だぞ」と言ったかと思うと、すかさず過去1年間の為替相場推移表をネットで調べ、ドル建ての売掛金の決済のタイミングと為替相場の推移を重ねて見始めました。「やはり、どう考えてもこれほどの為替差益がでるような為替相場の推移ではないぞ」といって経理課長は担当の経理部員に確認を指示しました。結果、驚くべきことに、ドル建売掛金決済においての会計処理に問題はなかったのですが、期末のドル建売掛金の換算仕訳が貸借逆に起票されていたことがわかったのです。この経理課長は、まさに「数字を読む」という姿勢が身についていたということでしょう。数字を単に数字としてとらえるだけではなく、その数字を生み出した背景にある経済実態と数字を対比し、そこにかい離が生じていないかという視点の重要性がよくわかります。

ここで重要なことは、こうした「数字を読む」という意識を、この担当の経理部員がもっていたか、ということです。結果として、このようなミスが発見できたか・できなかったかというのは、仕方がないことです。むしろ、「数字を読む」ことの重要性を理解し、少しでも意識して経理業務を行っていたか、という過程のほうが重要です。

もし、この意識をもって期末のドル建売掛金の換算仕訳を起票していれば、仕訳の貸借を逆に入れてしまうということはなかったはずです。数字を単なる数字として見ている場合に起こる、よくあるミスといえるでしょう。

第1章 「おかしな数字」に対する基本姿勢

② 基礎的な数字を頭に入れておく ── 売上高、当期純利益、資本金 ほか

　このようなミスを防ぐためにも、上司として、この「数字を読む」ということについて、経理担当者の意識を確認してみることが必要です。たとえば、自分の会社の決算書の主要な数値が覚えられているか、という確認方法もひとつ考えられます。自分の会社の売上高、経常利益、当期純利益、資本金、総資産、純資産といった金額が頭に入っていれば、他の決算数値を見たときに、「何か」に気付くことが多くなるはずです。

　たとえば、年間売上高 2,500 億円という数字が頭にあれば、ある月の売上高が 100 億円である場合、すぐに「今月は半分程度の売上だ。何が起こったのだろう」というように気付けるようになります。そしてこの原因を調べることで「今月は、営業日数が少ない関係で売上が大きく減少するのだな」ということがわかったとしましょう。すると今度(来年)は、売上高月次推移を見たとき、売上が他月の半分となっている月を見て、その背景や（大げさかもしれませんが）経済実態もイメージできるようになるということなのです。

POINT

① 決算書等に「おかしな数字」が含まれていないかどうかを知る手がかりとして、その作成にかかわった担当者等に「正しい数字で作成されていること」を説明してもらうことが重要である。

② その担当者は、「数字を読む」ことを意識した上で経理作業を行っているかどうか把握しておく必要がある。その際、会社の基本的な数字（売上高、経常利益、当期純利益、資本金、総資産、純資産など）が頭に入っているかを確認してみることもひとつの方法である。

「数字を読む」ことができるか?

3

数値比較をしてみよう

　「数字を読む」ことの重要性はわかったとして、具体的にどのような方法で数字を読めばよいのでしょうか。おそらく一般的に「数字が読める」とは、数字を分析し、その結果の意味するところが理解できる、ということを示す場合が多いのではないでしょうか。たとえば、「利益率○○%の会社は、同業他社と比較して数字が低いので仕入がうまくいっていないのだろう」などという見方です。この場合、「数字を解釈する」という表現もできるかと思います。

　本書では若干突っ込んで、「そもそも解釈の対象となる数字は正しいのか」という点もふまえ、「数字を読む」という言い方をします。先ほどの例でいえば、「そもそも利益率○○%の算定の根拠となった数字自体正しいのか?『おかしな数字』は含まれていないのか」ということです。つまり、正しい数字を所与のものとするのではなく、その示された数字自体が「おかしな数字」ではないのか、という見方です。まずは、「数字を解釈する」という点も重視しつつ、「数字を読む」にはどうすればよいか、ということを考えてみましょう。

　会社の決算の数字を読むというとき、上場会社であれば、有価証券報告書を読むのがもっとも情報量としては多いでしょう。しかし、会社外部の人には、試算表や会計帳簿というものは見ることができません。そこで、ここでは、入手できる情報量の差を考慮し、

15

- 会社外部から数字を読む
- 会社内部から数字を読む

の2つに分けて考えてみましょう。もちろん、会社内部の人であれば、外部からの数字の読み方と内部からの数字の読み方の両方が可能になります。

会社外部から数字を読む

外部からといっても、かなりの数字・情報を有価証券報告書等から得ることができます。その際に、数字を読む方法のひとつとしては、「前期数値と比較する」という方法があります。

① 前期数値から何がかわったか？──前期比較

前期数値と比較するというのはとてもシンプルですが、重要な分析方法です。前期比較を行うことで「おかしな数字」を発見することもできます。

前期比較を行う際には、

- 著増減している勘定科目はないか
- 勘定科目間で増減に不整合はないか
- そもそも増減していないことがおかしくないか

といった点について、特に注意する必要があります。たとえば、

	〈当期〉	〈前期〉
売上高	100 百万円	50 百万円

を見たとき、まず前期と比較して当期の数字は「おかしな数字」だな、と感じるわけです。売上が倍になっている背景には何があるのだろう、と考えな

ければなりません。

次はこのように見ます。

	〈当期〉	〈前期〉
売上高	100 百万円	50 百万円
売上原価	70	30
売上総利益	30	20

売上高に対応する売上原価の前期比較を行います。すると、売上高が倍増したのに対し、売上原価は2倍以上になっているのがわかります。売上高から売上原価を引くと売上総利益になり、売上総利益を売上高で割ると売上高総利益率になりますので、これを前期比較すると、40％から30％に下がっていることがわかります。

【売上高総利益率の計算式】

●前期
　売上総利益 20 百万円÷売上高 50 百万円＝40％
●当期
　売上総利益 30 百万円÷売上高 100 百万円＝30％

売上高が倍増し、売上高総利益率が下がっているのはどういうことでしょうか。この問題意識をもって数字を読むことが、「おかしな数字」を見抜くのに不可欠な基本姿勢となります。

この例の数字を読むと、「粗利（売上総利益のこと。一般的によく使われる言い方。荒利とも書く）の低いモノが、前期に比べると多く売れたのではないか」ということが推測されます。

ここでさらに別の勘定科目の数字を見ます。

17

第 1 章「おかしな数字」に対する基本姿勢

	〈当期〉	〈前期〉
売上高	100 百万円	50 百万円
売上原価	70	30
売上総利益	30	20
売掛金	20 百万円	15 百万円

　売上高が倍増しましたが、売掛金は 2 倍までは増加していません。前期に比べ、早く現金預金にかわったと考えられます。売掛金が現金預金に変わるタイミングを決めていることといえば、それは取引先との決済条件です。決済条件がよい取引先への売上が増えたのか、既存の取引先に対する決済条件がよくなったのかはわかりませんが、いずれにせよ決済条件には着目すべきでしょう。

　これを指数として分析しようとすると、回転期間分析が適当だと考えられます。売掛金残高を 1 か月の平均売上高で割ると何か月分の売上高分が売掛金残高として残っているかがわかります。計算すると、前期は 3.6 か月、当期は 2.4 か月となっています。

【売掛金回転期間の計算式】

●前期

$$\frac{売掛金残高\ 15\ 百万円}{売上高\ 50\ 百万円 \div 12\ か月} \ = \ 3.6\ か月$$

●当期

$$\frac{売掛金残高\ 20\ 百万円}{売上高\ 100\ 百万円 \div 12\ か月} \ = \ 2.4\ か月$$

　売掛金の回転期間が 1 か月というのは、たとえば今月売掛金が計上され翌月末入金して売掛金残高がなくなるということを意味します。決済条件でいえば、「月末締め翌月末入金」です。2 か月となると、決済条件は、「月末締め

翌々月入金」となります。3月決算の会社を考えてみると、回転期間が1か月であれば、3月に売掛金として計上されたものが残高として残っているということになりますし、2か月であれば、2月と3月に売掛金として計上されたものが残高として残っているということをイメージできればよいでしょう。

もし、ここ数年において平均的な決済条件が「月末締め翌々月入金」であった場合、前期の売掛金の回転期間3.6か月はおかしいと思わなければいけません。平均的な決済条件に変更がないにもかかわらず、前期の回転期間が長いということは、滞留していた売掛金が多かったのか、それとも決算月に売上が集中したため期末の売掛金残高が増加したのか、調べる必要があるということです。

ここでまたさらに別の勘定科目の数字を見ます。

	〈当期〉	〈前期〉
売上高	100 百万円	50 百万円
売上原価	70	30
売上総利益	30	20
売掛金	20 百万円	15 百万円
棚卸資産	10	50

棚卸資産を前期比較すると、大幅に減少しています。前期に残っていた在庫が当期売れたのは明らかです（全部売れたかどうかまではわかりませんが）。

では、前期残っていた在庫の利益率は低かったのでしょうか、それとも当期に売却した在庫の利益率が低かったのでしょうか。また、当期に在庫残高が減少したのは、仕入、もしくは製造が追いつかなかったことが原因でしょうか。それともこの製商品の販売見込みがなくなったため、あえて仕入、もしくは製造を控えたのでしょうか。

数値の比較をするだけで、これだけ多くのことを推測することができます。

19

【前期の在庫と当期の売上原価・在庫から当期の仕入高もしくは製造原価を算定する】

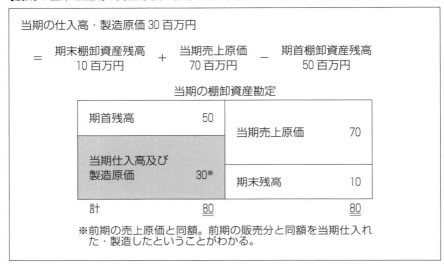

② 他の情報との整合性はとれているか？ —— 定性的情報

　ここまでで説明したように前期比較を通して、企業の事業活動を推測することができます。重要なのは、上記のような推測した事象が企業に実際に起こっているか、ということです。そこで決算数値以外から得られる情報との整合性を検証する必要がでてくるということです。

　たとえば、有価証券報告書から得られる定性的な情報から、当期の経営方針や戦略がわかるようであれば、これと数字から推定された事業活動の整合性を検証することが可能です。

　前例の決算数値を前提として、次のような定性的な情報があった場合、どのようなことが考えられるでしょうか。

> 　当社は、需要増に対応するため、高付加価値製品Ａの生産に力を入れました。結果、売上高の著しい増加を果たし、利益増加を達成いたしました。

実務上、このようなわかりやすいウソにあたることはきわめて稀かと思いますが、まずは簡単な例で考えてみます。「高付加価値」とは、一般的に利益率が高いものと考えられます。ところが数字が示しているのは、利益率が低い、「低付加価値」製品が売れたという事実です。

仮に定性的な情報が正しいとすると、どのような事実の発生が考えられるでしょうか。たとえば、「高付加価値」製品の販売と「低付加価値」製品の販売の両方があったということが１つ考えられます。しかし、この場合は定性的な情報として、両方の事実が開示されるべきと考えます。もう１つ考えられることは、何か別の数字が売上高、もしくは売上原価に加わっているということです。すなわち不正や誤謬があったのではないか、ということも考えられるのです。

現実には、上記のような事実が簡単に明らかになるケースは稀でしょう。しかし、考え方としては、このように前期比較するということは「おかしな数字」を見抜く上での基本中の基本といえます。

③ 前期比較の欠点 ── 知った上で利用しよう

前期比較は、「おかしな数字」を見抜く方法として、効果的かつ容易なものであるため、そのメリットは大きいといえます。しかし、この前期比較には欠点もあります。

前期比較は、前期の数字を基準とし、そこからの増減を分析するという形で行われることを基本とします。つまり前期の数字が正しいという前提があるということです。もし前期の数字が「おかしな数字」であれば、この「おかしな数字」を基準として当期の数字を分析してみても、当期に「おかしな数字」が含まれるかどうかわかりません。間違った数値からどれだけ著増減しているかを調べても、著増減の内容を正しく分析したところで、当期の数

字に「おかしな数字」が含まれてしまうことになります。

したがって、まず前期の数字を正しいという前提で比較を行っているのだということを意識しておきましょう。実務でも見られるのは、当期の数字が絶対に正しいという確信が持てた場合、前期比較を行うことによって前期の数字が「おかしな数字」だ、ということが明らかになることもあります。

 会社内部から数字を読む

会社は、利益目標を達成するために利益計画を作成します。そしてこの利益計画を実現するために、詳細な予算を策定し管理していきます。利益計画や予算管理の体制については、会社が事業に継続性があるか、収益性があるかを見る上でとても重要であり、東証上場の際にも、利益計画等に合理性があるかという点については、審査のポイントとなっています。

また会社は、予算管理を確実なものとするために月次の予算を組むことが一般的です。そのためには、月次決算を行うことが必要になってきます。つまり、年に1度の決算が近づいてきたのでまとめて仕訳を経理システムに入力して実績を確認するということでは、予算が実現できるかどうかのタイミングとしては遅すぎるということです。

こうしたことから、会社内部からも数字を読むことができる場合には、
- 予算の数字
- 月次の数字

も通常得ることができます。

① 想定外の事象は発生していないか？ ── 予算実績比較

予算の数字を読むことによって「おかしな数字」を見抜くためのもっとも

効果的な方法は、予算と実績数値を比較することです。

予算と実績を比較して数字を読む場合、

- 予算の数字が意味するものは何か
- 予算の精度が高いか
- 予算の策定時の環境がどうだったか

といった点に特に留意する必要があります。

(1) 予算の数字が意味するものは何か

予算で策定される数字には、「達成可能性・実現可能性が高く考慮されたもの」と、「達成可能性・実現可能性は低いが目標値として有効と思われるもの」とがあります。前者は対外的に、後者は社内的に説明するための予算として主に使われるものです。このような予算の違いを理解しておかなければ、実績と比較したときの差異の説明が正確にできないことになります。たとえば予算が目標値的に設定されていたものであれば、予算と実績の差異は、当初から想定済みだったということになります。

(2) 予算の精度が高いか

これは説明するまでもなく、精度の高い予算と実績を比較しなければ、その差異の分析は期待した結論が得にくいということです。根拠の薄い予算数値と実績を比較しても、その差異に何の意味もありません。

(3) 予算の策定時の環境がどうだったか

どんなに精度の高い予算制度を有していても、環境の変化があれば、実績とずれる予算にならざるを得ません。そのため、実績と比較すべき予算が、その策定時にどのような環境にあったかを把握しておく必要があります。これを把握していないと、勘定科目別に予算と実績を比較した場合の差異が、

第1章 「おかしな数字」に対する基本姿勢

会社内部の問題なのか、会社外部の環境か、ということを分析することが難しくなります。

　ではこのような点に留意しつつ、どのように数字を読めばよいでしょうか。たとえば、人件費予算を利用した数字の読み方をとりあげてみます。

　人件費には給与、賞与、法定福利費、福利厚生費などさまざまなものがあります。給与については、従業員数、給与テーブル、残業時間などでその金額が決まります。もし、従業員数と給与規程（給与テーブル）がかわらないのであれば、変動要因となるのは残業代だけです。すると、精度の高い予算が策定されている場合、予算実績差異を分析すれば、その原因は残業代分だけのはずです。もし、そこに残業代以外の差異が存在するとすれば、すなわち、その金額分が「おかしな数字」ということになるでしょう。

　私がある会社で予算実績差異を分析していたときのことです。人件費予算に比して実績値が大幅に上回っていたため、その原因を調査すべく、従業員の異動状況、予算上の残業時間と実際に発生した残業時間の差異、など差異原因となりうる要素を調べました。ところが、どうしても差異原因がわかりません。予算の策定方法にも特に問題はありませんでした。そこで、人件費を分析的に調べるのではなく、給与明細と帳簿金額を1件1件照合するという手続にかえ調査することとしました。いわゆるローラー作戦です。すると、給与明細にない給与が帳簿に含まれていることがわかりました。

　問題は、給与明細にない給与とは何かということです。調査を進めると、給与明細なしでアルバイト代（勘定科目としては「雑給」が使用されることが多いですが、この会社では「給与」が使用されていました）として銀行振込されていることが判明しました。つまり、差異原因としては、従業員ではなく、アルバイトの大量採用にあったということです。

　このように、予算と実績を比較し、想定外の事象を正しく把握するととも

に想定した事象を前提とした予算と実績のかい離原因を検討することにより、実績数値に「おかしな数字」が紛れ込んでいないかが明らかとなることがあります。

　余談ですが、前記の事例で疑問に思われた方もいらっしゃるかもしれません。「大量のアルバイトを採用したという事実は、事前に把握しておくのが当然ではないか」と。確かにそのとおりで、本来、そういった概要を頭に入れて数字を読むべきです。しかし、このとき、会社サイドは私にその話をしていませんでした。なぜアルバイトの話を私にしなかったのでしょうか。後で聞いた話ですが、ある店舗での架空アルバイト採用という事件があり、そこに触れられたくなかった、ということでした。

❷ 数値の動きを月ごとに追ってみる ── 月次推移

　月次決算を行っている場合、勘定科目ごとに月次の数字の推移を見ることができます。

　月次の数字を読む場合、

- 著増減している勘定科目はないか
- 勘定科目間で増減に不整合はないか
- 決算月は他月と比較し異常がないか

といった点に特に留意する必要があります。ここでは、特に損益計算書項目の勘定科目の推移を中心に考えてみましょう。

(1)　著増減している勘定科目はないか

　勘定科目によっては、毎月安定的に発生している項目と、不規則に発生している項目があります。不規則に発生している勘定科目については、月次の推移を見たとき、当然月ごとに著増減することになります。一方、毎月安定的

25

に発生している勘定科目については、当然月次推移も安定しているはずです。

　もし、毎月安定的に発生している勘定科目について、著増減が月次推移に見られた場合、何が考えられるでしょうか。安定的に発生する項目についても、何か異常な状況が生じていれば、ある月において多額に発生したり、発生しなかったりすることもあるでしょう。ですが実務上、よく起こりうるのは、「起票する月を誤ってしまった」こと、「同じ仕訳を複数起票してしまった」こと、「仕訳の起票漏れ」などというものです。このようなミスがあれば、月次推移を見たとき、他月と比較して当然不自然な増減となって表れます。

⑵　勘定科目間で増減に不整合はないか

　一般的に売上高が増加すると、それに伴い売上原価や販売費が増加すると考えられます。それは、売上を得るためには、その犠牲となる費用である売上原価や販売費（物流費や広告宣伝費など）も増加するだろうという考えがあるからです。

　ではもし、ある月において売上高が増加しているにもかかわらず、販売費が減少していたらどうでしょう。コストダウンを実施することにより減少することもあるかもしれません。しかし、ある月のみ、このような推移が見られた場合、まずは販売費の計上漏れを疑ってみる必要があります。

　前記のように損益計算書項目間での整合性として、給与（および賃金）と法定福利費・福利厚生費・通勤費といったものがありますが、貸借対照表項目と損益計算書項目との間での整合性として、預金と受取利息、有価証券と有価証券利息、固定資産と減価償却費、借入金と支払利息、などにも留意する必要があります。

⑶　決算月は他月と比較し異常がないか

　たとえば３月決算において、毎月安定的に発生している項目であっても、

決算月（3月）にだけ発生が増減するようなこともあります。この場合、その増減理由を正確に把握しておく必要があります。逆に本来、決算月で増減するはずの項目が増減していない場合も、その理由を調べておくことが必要です。

なぜなら、決算月の著増減については、収益の繰上処理（本来、当期の収益ではないものを当期に繰上計上すること）や費用の繰延処理（本来、当期の費用であるものを翌期に計上を先送りすること）といった不正や誤謬が考えられるため、他月との比較において十分な留意が必要となるからです。

さまざまな会社の月次推移データを見ると、決算月に売上が伸び、翌月減少する、という傾向が見られることがあります。これは決算月ということで営業が努力するとか、購入する側も予算消化の調整でまとめ買いするためとか、いろいろと原因は考えられます。ただここで気を付けなければいけないのは、本当に営業の努力により売上が伸び、その反動として翌月売上が減少しているのかどうかということです。

営業の努力による売上は、実需を伴う売上と考えられます。そのため、販売した製商品が返品されたり、売掛金が回収されなかったり、といったリスクは、ほとんどないと考えてよいでしょう。

しかし、営業の努力ではなく、得意先の努力（負担）による売上、すなわち「押し込み販売」である場合、決算月の売上の伸びは妥当なものといえるのでしょうか。こういったものについては、まさに粉飾の可能性も考慮しなければなりません。

ある会社で、代理店を通して製品を消費者へ販売するというビジネスを行っていました。この会社では、売上の月次推移を見ると、決算月になると販売が増加し、翌月減少するという傾向が顕著に表れていました。そこで疑いが出てきたのは、代理店に対し「押し込み販売」がないか、ということです。私はこの傾向の原因を探るべく、営業担当部長へヒアリングを行いました。

第1章 「おかしな数字」に対する基本姿勢

 すると、決算月に販売が増加するのは、特別値引セールを行うためだ、ということが容易に判明しました。毎年決算月にセールを行うため、代理店でも決算月にまとめて仕入れ、翌月は仕入を減らすのであろうということでした。私は営業部長に「翌月売上が減少するのであれば、結局、年間で見れば売上増にはさほど影響していないのではないですか」と聞いたところ、「まあ、慣習みたいなものですよ」との回答でした。

 決算月に集中して販売努力をするということは、ビジネスの世界ではよくある話です。しかし、これが行き過ぎると、翌期(翌月)の売上を早期計上したということにならないか、という点には十分留意する必要があります。無理な値引による売上増加は、実需を伴わない売上であるということになり、売上高を過大計上したとみなされる可能性があるからです。

 次頁図表1-2を見てください。3月決算の会社の売上高推移を一部グラフにしたもので、パターンⅠとパターンⅡがあります。どちらも3月までの推移は同じですが、違うのは翌年度の4月の売上高です。パターンⅠでは、他の月に比べ3月の売上高は50だけ大きく、翌年度の4月の売上高は、その

図表1-2　売上高月次推移表

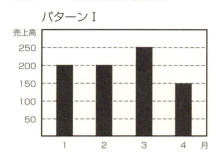

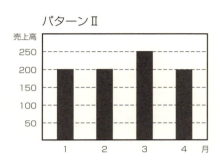

50だけ少なくなっているように見えます。一方、パターンⅡでは、3月の売上高が50伸びていますが、翌年度の4月の売上高は通常月ほどの売上高となっています。あなたなら、どちらのパターンの売上高推移に「おかしな数字」が紛れ込んでいると推測しますか。

　おわかりのように、まずパターンⅠの売上高推移には注意しなければいけません。翌年度の4月の売上高を3月に取り込んでいないかどうか（売上の早期計上がないかどうか）、確認する必要があります。では、パターンⅡは「おかしな数字」が含まれていることはないでしょうか。答えは、パターンⅡのケースでも、同様に翌年度の4月の売上高を3月に取り込んでいないか、注意する必要があります。それは、もしかすると翌年度の4月の売上高が思いのほか増加したことで、その増加分を3月に付け替えたいと考える経営者や経理責任者もいるかもしれないからです。

　売上高推移に注意しなければならないことはわかりましたが、それではどのように調べていけばよいのでしょうか。たとえば出荷基準で売上計上している場合、出荷の事実が4月であるにもかかわらず、3月の売上として計上されているならば、これはまさしく粉飾です（出荷伝票を確認すればわかります）。では、本当は4月の売上として出荷する予定のものを、3月中に実際に出荷して売上を増やそうとする、上記事例のような場合は何をどのように

第1章 「おかしな数字」に対する基本姿勢

確認すればよいのでしょうか。この場合、出荷伝票を見ても実際に3月に出荷していますから、3月の売上として当然と考えられます。しかし、経営者や営業責任者、経理責任者にヒアリングすることにより、「その売上に無理があるかどうか」を知るきっかけを得ることができます。

重要なことは、「キチンとした契約書に基づいた売上である」「入金が実際にあった売上である」といっても、売上を多く見せたいとする粉飾の意図があれば、必ずしもその月に計上された売上が妥当であるという話にはならないということです。こうした「経済実態を重視する」という会計的な考え方は、非常に重要な点でもあり、「何が経済実態か」という点においてもっとも難しい点でもあるといえます。

この「経済実態」をどうすれば正確につかむことができるのか、ということについて、もっとも関心が高いのは経営者のはずです。結局「経済実態」を正確に表現していない「無理な売上計上」は、市場ニーズを正確につかんで将来に生かさなければならない経営にとっても望ましくないはずです。経営者のみならず経理に携わる者にとってはこの考え方を忘れてはいけません。

先ほどの事例の続きですが、結局会社は決算月の特別値引セールを縮小しました。決算月で売上高が増加しても翌年度でその分売上高が減少し、決算年度を通して考えると、値引分を賄えるほど売上高はかわらないためです。また無理に決算月の売上高を増加させてもそれが実需によるものなのかの判断が困難となり、経営判断を誤る可能性が出てくるというのが結論でした。

POINT

「数字を読む」上でまず基本となることは、数値比較である。数値比較には、前期比較、月次推移比較、予算実績比較がある。

4 簿記の考え方だけは知っておこう!
ツールとしての簿記

　「決算書の読み方」や「有価証券報告書の読み方」といったような本のなかで、「簿記の知識がなくても数字は読める」というような主旨が述べられていることがよくあります。確かに、簿記の知識がなくても前回述べた数値比較や財務指標を使った分析により、決算書や有価証券報告書の「数字を読む」ことはできるかと思います。しかし決算書や有価証券報告書が、複式簿記によって記録される帳簿をもとに作成されている以上、「おかしな数字」を見抜くためには、簿記の考え方は知っておいたほうがよいでしょう。

　たとえば、複式簿記では、1つの取引を2つの側面、借方と貸方に分けて記録するという特徴があります。また簿記で使用される勘定科目に、「貸借対照表項目」と「損益計算書項目」の2つがあるということだけでも知っておくと便利です。

① 複式簿記は優れた記録方法である

① 1つの取引を2つの側面から記録する —— 借方と貸方

　貸借対照表や損益計算書などの決算書は、複式簿記によって起票された1つひとつの仕訳を積み上げて作成されます。たとえば、モノを売り上げたと

31

第1章 「おかしな数字」に対する基本姿勢

きには、

(a) （借）売　掛　金	100	（貸）売　　上　　高	100
		（売上原価、消費税は無視）	

モノを仕入れたときには、

(b) （借）仕　　入　　高	100	（貸）買　　掛　　金	100
		（消費税は無視）	

という仕訳が起票されることになります。これらの仕訳では、会社の財政状態（資産、負債、純資産）と経営成績（収益、費用）の動きを同時に記録・表現しています。

　仕訳としての記録・表現方法にはルールがあります。それは仕訳の借方（左側）には、資産の増加、負債の減少、純資産の減少、費用の発生を記載し、貸方（右側）には資産の減少、負債の増加、純資産の増加、収益の発生を記載し、借方と貸方の合計が同じ金額になるように記録するというものです。

仕訳パターン

借方	貸方
資産の増加	資産の減少
負債の減少	負債の増加
純資産の減少	純資産の増加
費用の発生	収益の発生

　(a)の仕訳では、売上高という収益が計上されることによって売掛金という資産が増加しています。また(b)の仕訳では、費用を計上することによって買掛金という負債が増加しています。このように「モノを売る」取引1つについて、また同様に、「モノを仕入れる」取引1つについても、それぞ

れが借方と貸方という2つの側面から記録されていることがわかります。この2つの側面から記録された情報を借方・貸方別、勘定科目別に集計したものを、「合計試算表」といいます（35頁**図表**1-3）。また、借方・貸方別、勘定科目別に合計された数字の残高を集計したものを、「残高試算表」といい（35頁**図表**1-4）、「合計試算表」と「残高試算表」を合わせて作成されるものを「合計残高試算表」といいます（35頁**図表**1-5）。

② 借方合計と貸方合計は必ず一致する —— 貸借一致の原則

　合計残高試算表は、当たり前ですが、借方合計と貸方合計が一致します（貸借一致）。複式簿記のこの「貸借一致の原則」こそが、数字の管理上非常に重要なポイントになります。貸借が一致するということは、借方だけ、もしくは貸方だけ間違うということはあり得ないということを意味します。たとえば、「売掛金の残高が間違っている」という事実が発覚すれば、すぐに思い浮かべなければいけないのは「間違った仕訳の売掛金の相手勘定は何か」ということです。ちなみに売掛金残高の誤りの多くは、売上高や現金預金の残高の誤りとセットになって生じます。

【（参考）売掛金の残高が間違っていたとき】

●以下のような相手勘定について誤りがある可能性がある。
　① 「売上高」が相手勘定であるケース
　●仕訳例（売上計上）

（借）売　掛　金	×××	（貸）売　上　高	×××
		仮受消費税	×××

　●仕訳例（売上取消）

（借）売　上　高	×××	（貸）売　掛　金	×××
仮受消費税	×××		

33

第1章 「おかしな数字」に対する基本姿勢

→ 売上高に誤りがある。売上計上に問題がないか、返品処理が漏れていない
か、などを確認する。

② 「現金預金」が相手勘定であるケース
● 仕訳例（入金）

| （借）現 金 預 金 | ××× | （貸）売 　 掛 　 金 | ××× |

→ 売掛金回収処理に誤りがある。現金、銀行預金残高に誤りがないか、現金実
査結果や銀行残高証明書と照合してみる。

③ 「受取手形」が相手勘定であるケース
● 仕訳例（手形の受取）

| （借）受 取 手 形 | ××× | （貸）売 　 掛 　 金 | ××× |

→ 手形による回収処理に誤りがある。手形残高に誤りがないか、手形の実査結
果や銀行への取立依頼中の手形残高と照合してみる。

　次に、不正が行われるケースを考えてみましょう。たとえば、売上を水増
ししたいと考えたとします。仕訳を考えると、当然その相手勘定も架空計上
しなければなりません。貸方の売上高だけを増やす、ということは複式簿記
の性質から不可能であるということは明らかです。ではもし、売掛金を相手
勘定として架空計上した場合、どうなるでしょうか。この場合、売掛金残高
をチェックし、売掛金が実在しないことが確認されることによって売上の水
増しが発覚することになります。

　そこで、わかりにくいように、残高が大きい勘定科目や、仮勘定（仮払金、仮
受金）といったものに紛れ込ませて発覚されにくくするということが考えられ
ます。しかし、このような場合でも、すべての勘定の残高を確認していれば、
説明のつかない勘定科目が発見された場合には、「その相手勘定は何だろう
か」というように考えることで、不正発見の手がかりとすることができます。

34

4 簿記の考え方だけは知っておこう!

図表1-3 合計試算表

借　方 合　計	勘定科目	貸　方 合　計
500,000	現　　金	235,400
50,000,000	預　　金	39,000,000
45,630,000	売 掛 金	40,000,000
30,000,000	買 掛 金	35,760,000
	資 本 金	10,000,000
	売　　上	45,630,000
35,760,000	仕　　入	
8,500,000	給　　与	
235,400	交 通 費	
170,625,400	計	170,625,400

図表1-4 残高試算表

借　方 合　計	勘定科目	貸　方 合　計
264,600	現　　金	
11,000,000	預　　金	
5,630,000	売 掛 金	
	買 掛 金	5,760,000
	資 本 金	10,000,000
	売　　上	45,630,000
35,760,000	仕　　入	
8,500,000	給　　与	
235,400	交 通 費	
61,390,000	計	61,390,000

図表1-5 合計残高試算表

借　方 残　高	借　方 合　計	勘定科目	貸　方 合　計	貸　方 残　高
264,600	500,000	現　　金	235,400	
11,000,000	50,000,000	預　　金	39,000,000	
5,630,000	45,630,000	売 掛 金	40,000,000	
	30,000,000	買 掛 金	35,760,000	5,760,000
		資 本 金	10,000,000	10,000,000
		売　　上	45,630,000	45,630,000
35,760,000	35,760,000	仕　　入		
8,500,000	8,500,000	給　　与		
235,400	235,400	交 通 費		
61,390,000	170,625,400	計	170,625,400	61,390,000

勘定科目には2種類ある

　複式簿記（企業会計に限定します）における仕訳では、勘定科目に貸借対照表項目と損益計算書項目があります。先ほどの仕訳例でいうと、売掛金や買掛金は前者で、売上高や仕入高は後者になります。会社の財政状態を表現する勘定科目が貸借対照表項目で、経営成績を表現するのが損益計算書項目である、という言い方もできます。

　ここで留意すべきは、ある取引を仕訳で表現するとき、貸借対照表項目の勘定科目を使うのか、それとも損益計算書項目の勘定科目を使うのかで、会社の決算が大きく異なってくるということです。

　たとえば、前記(b)の仕訳で考えてみましょう。

（借）仕　入　高	100	（貸）買　掛　金	100
		（消費税は無視）	

　仕入高は損益計算書項目であり、買掛金は貸借対照表項目です。極端ですが、この1つの仕訳のみで決算書をつくったとしますと、費用が100発生し、当期損失が100の状態の損益計算書になります。

　ここで、仕入高を誤って貸借対照表項目である固定資産勘定（たとえば、備品勘定）を使ったとします。すると、費用はゼロ、当期利益ゼロの損益計算書になってしまいます。1つの仕訳のみで決算書を作成しているこの例で見る限り、一見するとこのようなミスは起こり得ないように思えます。ですが、実務においてはしばしば散見されるミスです。

　実務上は、たとえば、「修繕費（損益計算書項目）と固定資産（貸借対照表項目）を間違えること＝(c)」や「前払費用（貸借対照表項目）と支払手数料（損益計算書項目）を間違えること＝(d)」などといった事例には事欠きません。具体

に、(c)の取引としては、「建物の外壁が剥げてきたので塗装した」、(d)としては、「授受するサービスの対価として100支払った」というようなものです。

　(c)の場合、塗装した内容によります。すなわち、塗装の効果が、剥げた部分をもとに直す程度の内容であれば、修繕費ですし、もとに直す以上に塗装の効果をアップさせた場合には（たとえば今までなかった防水効果が得られるような塗装を行ったなど）、建物附属設備（貸借対照表項目）として仕訳することになります。

　(d)の場合、サービスが単年度か複数年度にわたるかによります。すなわち、サービスが当期のみに及ぶものであれば支払手数料ですが、当期のみならず、翌期にも及ぶというものであれば、翌期分の支払い分（たとえば100のうち50）を前払費用として、当期分のみ（すなわち50）を支払手数料として仕訳することになります。

　このように、貸借対照表項目の勘定科目を使うのか、それとも損益計算書項目の勘定科目を使うのかということは、非常に重要なポイントであり、そ

の判断には、取引内容を十分に把握しておかなければならないということがわかるかと思います。なお、公認会計士が実施する会計監査においても、この点は監査上の重要ポイントとなります。

勘定科目と数字から「仕訳 → 取引」が頭に浮かぶか？

　複式簿記においては、1つの取引を借方と貸方に分けて記録し、その際、貸借対照表項目の勘定科目を使うのか、それとも損益計算書項目の勘定科目を使うのかが判断できる、ということが、「おかしな数字」を見抜く上で基本となるということは先に述べました。さらに、仕訳は取引を勘定科目と数字で表現したものであるとすると、この仕訳を見れば、どのような取引が行われたか、想像できるようになります。

　たとえば、前記(a)の仕訳を考えます。

（借）売　掛　金　　100	（貸）売　上　高　　100
	（売上原価、消費税は無視）

　この仕訳から何が読めるでしょうか。何かを販売し、100の売掛金を得た、ということしかこの仕訳からはわかりませんが、実務上はこの仕訳に、起票日（仕訳を起こした日）、販売先（売掛金がどの会社に対するものか）、販売したモノ、販売担当部門（セグメントなど）、といった情報もあわせて記録されることが通例ですので、取引実態がイメージできるはずです。逆に言えば、その際、イメージできないような勘定科目、数字が仕訳に使用されていた場合は要注意ということです。

　たとえば、次のような仕訳があったとします。

（借）外　注　費	100			（貸）未　払　金			100	

（販売費及び一般管理費）

　外注費ということは、会社の業務の一部を外部へ委託したということになります。また、外注費といっても製造原価ではなく、販売費及び一般管理費として記録されています。とすれば、製造の外注ではなく、販売に関する外注（営業を外部に委託するなど）もしくは管理に関する外注（経理業務を外部に委託するなど）ということになります。この仕訳を見たとき、販売もしくは営業に関する業務を外部に委託したことをイメージできなければ、「仕訳が読めた」ということにはなりません。

　これは、外注費勘定に限らず、あらゆる勘定科目においても同様です。先に述べたように、同じ勘定科目でも損益計算書のどの区分（製造原価なのか、販売費及び一般管理費なのか、など）に表れるものかも大変重要といえます。

　たとえば、あなたは次のような仕訳を読んで、どのような取引をイメージするでしょうか。

【例1】

（借）売　上　高	×××		（貸）現　金　預　金	×××	

【考えられるイメージ例】

● 売上が戻されて返金した？　何かトラブルがあったか？　販売した商品は戻ってきたのか？

● 売上割戻（リベート）か？　割戻基準に従った支払いになっているか？　何の商品について割戻しを行ったのか？

【注意】

● このような仕訳が多く起票されていたり、金額が大きかったりする場合は、現金等の使い込みが行われていないか注意する！

第1章「おかしな数字」に対する基本姿勢

【例2】

（借） 雑 損 失 ×××	（貸） 現 金 預 金 ×××

【考えられるイメージ例】
- 現金実査をした結果、帳簿残高と実査金額とに差異が生じており、現金不足の状態となっていたため、調整した仕訳か？
- 請求書に基づいて支払いがなされていれば、具体的な勘定科目（たとえば消耗品費、備品費など）で起票されるはず。請求書がなくなったのか？

【注意】
- このような仕訳が多く起票されていたり、金額が大きかったりする場合は、現金等の使い込みが行われていないか注意する！

　仕訳から取引をイメージすることに慣れてくると、今度は決算書の数値から仕訳、取引をイメージすることができるようになります。これができるようになると、決算書を読むことにより、決算書に「おかしな数字」が含まれていないかの手がかりを、早急に得られるようになってきます。

POINT

　簿記の考え方のうち、次の2つを知っておくだけでも「おかしな数字」を見抜く重要な視点を提供してくれる。

① 貸借一致の原則
　　➡仕訳の借方と貸方の金額は必ず一致する。したがって、たとえば借方の金額が間違っていれば、貸方の金額も間違うことになる。

② 貸借対照表項目と損益計算書項目
　　➡仕訳において使用する勘定科目が「貸借対照表項目」か「損益計算書項目」か、という視点が必要である。この区分を誤ると、結果的に利益を誤ることになる。

数字は常に客観的であるわけではない

5

経営者の意図が数字に表れる!

◆1 数字以外の要素で数字がかわる

　数字は常に客観的な事実を表現する、というのは正しいでしょうか。たとえば、現金が1万円存在する、という事実を記録した場合、1万という数字は誰が見ても正しい客観的なものといえるでしょう。

　では次のようなケースはどうでしょう。建物の帳簿価額が期末日現在で1億円あったとします。この1億という数字は誰が見ても正しい客観的なものといえるでしょうか。購入時の価格が1億円であるといった場合、その事実は誰が見ても正しい客観的なものといえるかもしれません。しかし、その後、減価償却という手続が行われた後の帳簿価額については、その数字だけでその正しさを確認することは不可能です。定額法、定率法といった減価償却方法のうち何を採用したのか、また耐用年数は何年としたのか、といった前提条件がわかってはじめて、減価償却後の帳簿価額が正しいかどうか（正しく計算されたかどうか）が、確認できるようになります。

　また引当金のケースではどうでしょうか。たとえば、将来発生する可能性が高い損失が1億円程度見込まれたとします。この1億円という数字は確定したものではありませんが、合理的に算定されたものです。またその損失が発生する可能性は、高いと考えられるものです。よって偶発損失引当金を1

41

第1章 「おかしな数字」に対する基本姿勢

億円計上したとしましょう。

　まず建物の減価償却方法のケースですが、これは会計方針の選択という話になります。定率法を採用するか、定額法を採用するかについては、経営者の判断に任されています。なお、ここでいう「経営者」は会社の代表取締役やその委任をうけた経理担当の取締役、を想定してください。CFO（財務最高責任者）も含まれることになります。税法は別として、会計的には建物が定率で減価していくか、定額で減価していくかによって選択すべきと考えられていますが、実務的にはどのように減価にしていくか証明することは難しいでしょう。

　次に建物の耐用年数の選択と引当金のケースでは、会計上の見積りという話になります。耐用年数を何年にするか、というのは経済的に利用されうると考えられる年数は何年か、ということですし、偶発損失の発生可能性が高いか低いかについてやその発生金額の見積り金額についても、ともに経営者が判断する事柄になります。

　つまり、建物や偶発損失引当金の計上額について、数字として表現はされているものの、そこには経営者の、会計方針の選択や会計上の見積りといった判断が加わっているということがわかるかと思います。決算数値というのは、すべて客観的な事実に基づいて集計されているわけではなく、こうした経営者の判断で決定した数字というものが含まれていることに気を付けなければなりません。もちろん、経営者としては、できる限り合理的かつ客観的な根拠に基づき、判断する必要はあります。しかし、判断という行為が関係する以上、そこには数字に「幅」が出てくることになります。そのため、経営者がそのように判断した理由、意図はどこにあるのか、ということを「おかしな数字」を探る上では考えておく必要があります。

42

経営上の誤った意図が「おかしな数字」を生む

　ある会社で、棚卸資産の評価損を多額に計上しているところがありました。何しろその金額が大きいため、本当にそこまでの評価減が必要なのかと疑問を持ち、その概要説明を経営者に求めました。そこで経営者曰く、「在庫を評価減して（簿価を切り下げて）おくと、営業は安く売っても利益を確保できるので売りやすいんですよ」ということでした。

　通常、棚卸資産の評価減は、利益を減少させるので計上したくない、というのが一般的です。しかし、このように経営者の意図として、棚卸資産の評価減を行うことで、営業に棚卸資産を販売しやすくするということがあれば、過大に棚卸資産の評価損を計上していないかに注意しなければなりません。

　実際のところ、この会社では棚卸資産の評価減ルールが過度に厳しいものであり、販売可能性に問題があるといえないものでもその対象になるようなルールとなっていました。つまり、この経営者の意図は、「棚卸資産を適正な価額で評価して決算書に表現したい」というものではなかったということになります。その結果、棚卸資産の残高と棚卸資産の評価損に「おかしな数字」が紛れ込むことになってしまいました。

 ## 「自分では判断しない」という経営者の意図

　経営者のなかには、「数字のことは経理に任せておけばよい」と考えて、このような判断まで経理に任せて、自分は一切関知しない、という方もいるようです。また、経理という業務を、単なる数値の集計作業と考えている経営者もいます。しかし実際は、このように会計方針の選択や会計上の見積り

第1章 「おかしな数字」に対する基本姿勢

というように、判断がなければ数字が出ないということが会計には考えられます。

経営者の判断がなければ、経営者の意図が決算書に反映されていないということになります。では誰の意図が反映されているのでしょうか。またそれを許している経営者というのはいかがなものでしょうか。

経営者の知らないところで数字が決められている、経営者自身もそのことに気付いていない、ということがあるとすれば、経営者は決算書の数字に責任がもてるのでしょうか。決算書に責任がもてないということは、「おかしな数字」が含まれていたとしても、当然経営者は気付かないということになります。そのような環境にある場合に限って、「おかしな数字」が生じるものです。

経営者のみなさんは、「数字は常に客観的である」「会計に経営者の判断は関係ない」といった考え方を捨てたほうがよいでしょう。

POINT

① 決算書の数値は、会計方針の選択や会計上の見積りという経営者の判断を必要とするため、客観的な事実に基づく数字を集計すれば、そのままでき上がるものではない。

② 「おかしな数字」を見抜くためには、経営者が判断した会計方針の選択や会計上の見積り方法の意図がどこにあるのか把握することが必要である。

6 量的境界線の設定の難しさを知ろう
「砂山のパラドックス」

 明確な基準がないことが妥当なこともある

　企業会計原則の一般原則のなかに「重要性の原則」という非常に重要なルールがあります。これは、「重要性の乏しいものについては、本来の厳密な会計処理によらないで、他の簡便的な方法によることも認められる」というものです。たとえば、重要性の乏しい消耗品は、買い入れ時に資産計上せず、費用として処理する方法を採用することが認められます。また、引当金についても、重要性の乏しいものについては、計上しないことも認められます。

　では、ここでいう「重要性」とは何でしょうか。いくら未満であれば、「重要性が乏しい」といえるのでしょうか。

　たとえば、子会社を連結範囲に含めるかどうかの判断において、原則はすべての子会社は連結の範囲に含めることになっています。しかし、例外として重要性の判断で含めないことも許容されています。このときの「重要性」とは、判断対象となる子会社の、連結上の資産、売上高、利益、利益剰余金に占める割合から判断するのですが、何%以下であれば重要ではないといえるのか、基準上明確に記載されてはいません。実はかつて3〜5%未満が妥当である、との基準が存在していましたが、現在では実務が浸透したことを理由に、基準からその数値が削除されました。これは、基準上重要性の判断

第 1 章 「おかしな数字」に対する基本姿勢

基準として量的境界線を設けることが、逆に、現実を読み誤るということが出てくるのではないかということをおそれてのことではないかと思います。

2　会計と砂山のパラドックス

「砂山のパラドックス」という問題があります。これは、砂山から砂を一粒ずつ取り去っていったとき、最終的に一粒だけ残った状態でも「砂山」といえるか、という問題です。別の言い方をすれば、もし一粒を「砂山」と呼べなければ、何粒から「砂山」でなくなるのか、という問題がでてくるという話です。このパラドックスを解決するためには、量的境界線を設けるという方法が考えられますが、うまく実態を表現できるでしょうか。1,000 粒未満は砂山ではない、というような決め方ははたして妥当なのでしょうか。

先ほどの例でいえば、10 万円以下を重要性が乏しいというルールをつくってしまうと、10 万 1 円は重要だということになり、1 円の差で資産に計上し

たり、費用処理したりということは本当に妥当なのかということになります。また、子会社の話では、3％以上であれば連結子会社となり、2.9％であれば連結子会社とはならない、ということが本当に経済実態を表しているのか、ということです。

3 「何が合理的か」は経営者が決める

しかし、会計においては、どこかで線引きをしなければなりません。その線引きが各社異なっていたとしても、その属する環境が異なるなどの合理的な理由があれば、「重要性」に問題はないというのが会計の考え方です。

ここで重要なことは、その線引きが合理的であるかどうかはどのように決められるか、ということです。それは、「会計基準の趣旨に則って経営者が

合理的と判断したものが合理的である」といわざるを得ません。そのため会計監査においては、その経営者の判断が本当に合理的であったかどうかを検証するために監査するということになります。ですので、ここでも数字という客観的なツールを使っているにもかかわらず、経営者の判断により数字が変わる可能性があるということを理解しておく必要があります。

　経営者の判断により数字が変わる可能性があるということは、まさにここに「おかしな数字」が生じやすいということです。つまり、経営者の独断と偏見により、数字が作られている可能性があるということです。

POINT

① 　会計基準において、重要性の判断というものは、金額的に明示されていないことが多い。これは、会計基準において量的境界線を設けること自体、その会社の実態を表現しなくなる可能性があるからである。

② 　会計基準で定められていないことは、経営者が合理的に判断して量的境界線を設定しこれに従って会計処理する必要がある。

③ 　したがって、経営者の判断が合理的でない場合は、その設定した量的境界線に従って作成された決算書には、「おかしな数字」が紛れ込む可能性があるので注意が必要である。

7 数字を読む上での ちょっとしたテクニック

知っておくと必ず役立つ!

　今度は、数字を読む上で知っておくと便利な、ちょっとしたテクニックを お話しします。こうしたテクニックを知っておくことも、「おかしな数字」 に対する基本姿勢としては必要なことといえるでしょう。以下では、特に、 合計した数字をチェックするテクニックに関するものをとりあげます。

1 「間違っていないかどうか」のチェック

　図表1-6の計算は正しいでしょうか。 もし計算する時間が十分にあれば、電卓 を使い計算チェックすればよいことで す。もし、電卓もない状態で10秒で確 認してくださいと言われたら、あなたな らどうしますか。

　「正しいかどうか」を確認する目的で あれば、1の位の数字のみ合計してみれ ば（次頁図表1-6(1)）、合計が「正しい かどうか」高い確率でわかります。この

図表1-6　合計は正しい？

	293,490,383 円
	129,930,322
	23,239,578
	569,392,983
	343,948,348
	345,322
	1,238,421
	234,233,349
	2,345
	12,323,998
合計	1,608,145,049 円

方法は、多くの数字を合計するときなど、合計すべき数字に漏れがないかど

49

うか、素早く確認する方法としてよく用いられます。気を付けなければならないのは、1の位の合計が実際の合計値の1の位の数字と合っていたとしても、漏れている可能性は10分の1あるということです。

最近では、表計算ソフトを使って多くの数字を合計するということがありますが、最後の数字が計算式に含まれておらず、合計が誤っていることがと

きどきあります。このようなことがないかどうか確認する手段として、この方法を利用してみるのが効果的でしょう。

2 「おおむね合っているか」のチェック

先ほどの図表1-6で、今度は「おおむね合っているか」どうか、10秒で確認してください、と言われたらあなたならどうしますか。もうおわかりかと思いますが、たとえば1億の位だけ足してみて、実際の合計値と合わせてみるということを行います。「おおむね」の精度を上げようと思えば、百万の位以上を足す、というように足す位を下げれば、これに対応することが可能です。

図表1-6の例を使えば、千万円単位で四捨五入し、億単位で合計すると、
3+1+0+6+3+0+0+2+0+0=15
となり、だいたい15億円ということになります（次頁図表1-6(2)）。精度をもう少し高めようとすれば、百万単位で四捨五入し、千万単位で合計します。

29＋13＋2＋57＋34＋0＋0＋23＋0＋1＝159

となり、だいたい15億9,000万円であることがわかります（図表1-6(3)）。

図表1-6(2)　　　　　　　　　　図表1-6(3)

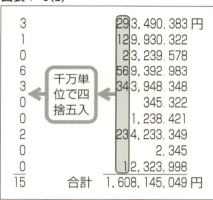

　この方法がとられるのは、計算すべき数字の漏れは起こりにくいが、計算自体を誤ってしまうリスクがある場合に用いられる方法です。たとえば、加算だけではなく減算もあるような計算が行われる場合、加算すべきところを減算していないか、確認する手段として効果的といえるでしょう。

③ 有価証券報告書等の合計が合っているかどうかのチェック

　有価証券報告書の財務諸表等では、表示単位が千円もしくは百万円単位になっています。ですので、そのまま表示されている数字を足しても合計があっているかどうかわかりません。しかし、「間違っていないかどうか」を確認することはできます。ちなみに、財務諸表等では、表示単位未満で切り捨て表示されるのが一般的です。

第 1 章 「おかしな数字」に対する基本姿勢

図表 1-7　ある上場企業の有価証券報告書における
連結貸借対照表　（流動負債の部のみ抜粋）

負債の部	（単位：百万円）
流動負債	
支払手形及び買掛金	29,025
短期借入金	1,500
コマーシャル・ペーパー	4,000
1年内返済予定の長期借入金	3,973
未払費用	2,466
リース債務	26
未払法人税等	306
前受金	1,697
預り金	177
製品保証引当金	156
その他	3,954
流動負債合計	47,284

　図表 1-7 の数字をそのまま合計すると、47,280 になります。十万の位以下で切り捨てられているため、当然一致しません。では、いくらまでの差異であれば、「間違っていない」との心証が得られるでしょうか。

　足していくそれぞれの数字の切り捨てられた数字の最大値は、表示単位である百万円以上になることはありません。たとえば、支払手形及び買掛金の残高は、29,025,000,000 円以上 29,025,999,999 円以下であり、29,026,000,000 円には当然なりません。ここで、すべての流動負債につき、1 ずつ大きい数字と仮定して合計を出します。すると、

29,026＋1,501＋4,001＋3,974＋2,467＋27＋307＋1,698＋178＋157＋3,955

＝47,291

となります。実際に 1 円単位まで計算したとしても、47,291 百万円にはなりえないので、なりうる最大値としては、

47,291－1＝47,290

となります。そうすると、円単位で合計してありうる数値は、そのまま表示単位で合計した 47,280 から 47,290 ということになります。実際に円単位で合計し、百万円単位で表示した 47,284 はこの範囲のなかにありますので、流動負債合計は正しいと推定されます。

言い方をかえれば、そのまま表示単位で合計した数値 47,280 と円単位で合計した数値 47,284 との差異「4」が、合計する数値の数（例では、勘定科目 11 個分）から 1 引いた数字「10」までであれば、合計値は正しいと推定されるということです。

入力間違いがないかどうかのチェック

電卓を使って計算チェックをするとき、たとえば 293,490,383 と入力するところを 29,349,038 と入力してしまい、合計が誤って計算されてしまうことはないでしょうか。こうしたミスがないかどうかをチェックする方法があります。

あらかじめ正しいと思われる合計値の数字と実際に電卓で計算した数値の差額を出します。その差額を 0.9 で割ります。割って算出された数値がもし足し込んでいった数字の 1 つと一致したならば、それが一の位まで入力できなかった数字です。

図表 1-6 の例で、293,490,383 と入力するところを 29,349,038 と入力してしまったとします。すると合計は、1,344,003,704 となります。これと正しいと思われる合計値 1,608,145,049 との差額は、264,141,345 です。これを 0.9 で割ると、293,490,383（端数切り捨て）が得られます。つまり、293,490,383 を誤って入力していたということがわかるというわけです。

この方法は、多くの数字を合計した合計値を、あらためて電卓を使って再

計算した結果、差異が生じた場合、電卓の打ち間違いなのかどうか、簡単にチェックするものとして使われます。

POINT

　数字の合計が間違っていないかどうか、すばやくチェックする方法を身につけておくことも「おかしな数字」を見抜く上で、1つのテクニックとなる。

第2章

勘定科目は
こう見る！
勘定科目別・
おかしな数字の見分け方

勘定科目と「おかしな数字」

1

勘定科目の性質とその管理を知る

　第1章では、帳簿記入や決算書の作成に携わる方、その決算書や帳簿を
チェック・承認する立場にある方、監査役、内部監査人などの方が、決算書
や帳簿などに潜む「おかしな数字」を見抜く上で備えておくべき基本的な心
構えについて述べてみました。この基本的な心構えを意識して決算書や帳簿
を見ると、今まで気付かなかった「おかしな数字」も感じ取れるようになる
ことでしょう。

　こうした基本的な心構えをもとにして、もう少し具体的に「おかしな数
字」を見抜く方法を考えてみましょう。そのためには、決算書を構成する勘
定科目の性質に着目する必要があります。勘定科目にはそれぞれ特徴があり
ます。決算書を建物に例えると、勘定科目はその建物を構成する材料や部品
といえます。建物の欠陥を発見するためには、建物全体を大きく見ることも
もちろん重要ですが、その欠陥を引き起こしている材料や部品を分析するこ
とも大変重要です。また材料や部品によっては、欠陥を起こしやすい材料や
部品もあるでしょう。

　この章では、建物の部材ともいえる勘定科目のうち、主要なものの特徴を
とらえながら、その部材にどのような欠陥が起こりやすく、またその欠陥を
発見するにはどのように部材をチェックすればよいのか、という観点から説
明します。また部材の欠陥は、部材自体の管理状況に大きくかかわってきま
す。適切に管理されていない部材からは、問題が生じることが多いもので

57

第2章 勘定科目はこう見る！

す。したがって、各勘定科目の管理上のポイントを把握し、その管理が適切に行われていない場合、「おかしな数字」が潜んでいる可能性が高いとの視点でとらえてください。

POINT

　それぞれの勘定科目の性質とその管理方法を知り、「おかしな数字」を見抜く勘所をおさえよう。

経営および管理の基本

2　現金

1　現金管理とは

　企業は何のために事業を行っているのでしょうか。哲学的な議論はさておき、現実的な話をすれば、それは現金を得るためです。そして得た現金をさらに増やすべく、事業を継続的に行うことを目指しているのが企業であるといえるでしょう。このように企業は投下資本を回収することを目的としています。

　会計も投下資本の回収計算を目的として行われるものであると考えられます。まず現金が存在し、この現金を事業に投下して事業を行うことで「いくら現金が増えたか」を計算する。これを投下資本の回収計算といいます。まさに現金は経営目的の根幹にかかわるものであることがわかります。

1　金種表を抜き打ちチェックしよう ── 現金実査の重要性

　では帳簿上、この現金をどのように管理していけばよいでしょうか。たとえば帳簿上の現金勘定が100万円あった場合、どのような手続で確認しますか。現金は取扱いが容易であるため、帳簿上では100万円あっても、誰かが一時的に補充して100万円あるように見せかけているだけかもしれません。

59

第2章 勘定科目はこう見る！

　ここで重要なのが、日頃の現金管理です。会社によっては、毎日現金を実際に数え（これを現金実査といいます）、帳簿との一致を確認するところもあります。現金を金種別（1円玉、5円玉など）にそれぞれ何個あるか記録したものを金種表といいますが、この金種表がキチンと作成、管理されているかという点がもっとも重要なポイントとなります。

　このとき、担当者がキチンと現金管理を行っているかどうかについて、

図表2-1　金種表(例)

金　種　表			
平成×年×月×日現在			
10,000 円 ×	枚	=	円
5,000 円 ×	枚	=	円
2,000 円 ×	枚	=	円
1,000 円 ×	枚	=	円
500 円 ×	枚	=	円
100 円 ×	枚	=	円
50 円 ×	枚	=	円
10 円 ×	枚	=	円
5 円 ×	枚	=	円
1 円 ×	枚	=	円
合計			円
作成：			
承認：			

もっとも有効な確認方法は抜き打ちチェックです。もちろん、担当者の気分を害さないやり方で行う必要があります。実は公認会計士が行う会計監査においては、事前に被監査会社に対し、いつ現金実査を行うか、告知しています。それは、その会社がキチンと現金管理を行っていることを事前に把握しており、その管理レベルが適切であることを前提に監査を実施しているためです。もし、「会社の現金管理に問題がある」との前提に基づくならば、事前に会社に実査日を告知して実査を行うという方法では、本当に現金が存在しているかどうか、確認していることにはなりません。現金過不足がある場合、事前にいくらでも調整できてしまうからです。

② 小口現金はこの方法で管理する —— 定額資金前渡制度

　小口現金は、使った後の残りの残高を正しく数えておけばよいというもの

でもありません。内容やタイミングが異常な支出や多額の支出があった場合に、すぐ気付けるような管理をする必要があります。その管理方法のひとつに、週もしくは月ごとに現金が定額になるように補充する方法があります。これを定額資金前渡制度（インプレスト・システム）といいます。たとえば、月初に30万円になるように現金を銀行預金から補充し、月中に使用した現金と同額分を翌月初にはまた30万円になるように補充する、というものです。このような現金の補充方法は、現金をどれほど保有しておけば十分か、という観点から管理するため、異常な現金の出入りがあった場合、気付きやすいというメリットがあります。

　なお、定額資金前渡制度のほかに、現金を使用したつど、補充する方法として随時補給法がありますが、現金が不足するつど補充するため、余分な支出がないかどうかのチェックが遅れてしまうというデメリットがあります。そのため、管理上、一般的にはインプレスト・システムのほうが優れているといわれています。

　ちなみに、インプレスト・システムを採用していて売上入金等により現金残高が定額以上になった場合はどうしたらよいでしょう。一時的に定額を超えたような場合は、すぐ現金を使うことによって残高が減少しますからさほど問題はありません。しかし、月末までの現金使用を考慮しても、なお現金残高が大きく定額を超えるような場合は、銀行預金に預け入れる必要があります。多額の現金保有は、紛失のリスクが高まるので、あまり望ましいとはいえないためです。

2　現金出納帳はこう見る

　現金残高に「おかしな数字」が紛れていないか、現金残高は正しいかを知

るためには、これら現金管理の基本を理解した上で、現金出納帳を見るということが必要です。その見方として、まず現金の補充方法を確認します。インプレスト・システムを採用しているのか、それとも随時補給法を採用しているのかの確認です。もしインプレスト・システムを採用しているのであれば、月初もしくは週初に現金残高が定額になっているはずですから、この定額に比べて現金残高がどのように推移しているか確認すればよい、ということになります。

　私がある小規模な会社の現金出納帳を見たときのことです。ある月以降の現金残高が通常より多くなっていました。そこで、担当者に「小口現金の補充はどのようなタイミングでいくらほど行っていますか。どれくらいの現金を保有することになっていますか」と質問しました。すると、「現金が不足したつど、預金から下ろしています。大体40万円くらい現金を持つようにしています」とのことでした。しかし、実際の小口現金の帳簿残高は、40万円を大きく上回っています。そこで「今、現金残高はどれくらいですか。

帳簿残高どおり、40万円以上ありますか」と聞いたところ、「確かに帳簿残高ほど、現金はありません」という回答でした。そこでまず考え付くのは、現金を支出した取引の記帳漏れです。担当者に調べてもらったところ、やはり現金で納付した保険料に関する取引の記帳が漏れていることが判明しました。

　もし、月末ごとに現金実査を行い、現金出納帳と照合していれば、早期に発見できた単純なミスですが、その会社は半年に一度実査を行うのみでした。また、インプレスト・システムを採用し毎月月初に定額になるように現金を補充していれば、帳簿上現金が存在することになるため補充不要となり、支出時に現金が払えなくなるという状況に陥ることから、すぐに気付くはずであったミスといえるのです。

POINT

　現金管理の基本を理解した上で、現金出納帳を読むと「おかしな数字」が見えてくる。まずは、「だいたいどれくらいの現金を保有することにしているか」「現金補充のタイミングはいつか」というポイントで見てみること。

CASE STUDY

現金出納帳の「おかしな数字」(1) 〜ありえない残高

Q 以下の現金出納帳を見て、「おかしな数字」を指摘してみてください。

【現金出納帳】　　　　　　　　　　　　　　　　　　　　　　　　　　　　（単位：円）

月	日	相手科目	摘　　要	入金額	出金額	残　高
			繰越残高			120,000
4	2	事務用品費	事務用品　他		28,000	92,000
4	2	荷造運賃	クロイヌ宅急便		15,400	76,600
4	5	通信費	切手代		820	75,780
4	6	仮払金	山田氏、佐藤氏　大阪出張 (4/12〜15)		80,000	−4,220
4	7	普通預金	A銀行より引出し	100,000		95,780
4	9	材料費	部材購入		21,600	74,180

A −4,220というマイナスの残高

　本来、現金残高以上の払出しはできないはずです。払出してマイナス残となってしまったのは、出納担当者がおそらくポケットマネーから立替えて払ったであろうと想像されます。

　もし、立替えたのであれば、上長承認のもと一旦立替えた金額を従業員未払金として入金処理しなければなりません。それを行っていないため、「おかしな数字」が発生することになるのです。

　もし、不足分4,220円を担当者が立替払いしたならば、

| （借） | 小口現金 | 4,220 | （貸） | 従業員未払金 | 4,220 |
| | | | | （従業員立替） | |

という仕訳を起票しますので、4月6日の現金残高は0円になり、マイナス残高にはなりません。

　上長承認のもと、正しく立替処理をしなかった点、また現金不足になるような現金補充方法がとられている点など、小口現金管理の問題点がこのマイナス残ひとつから推測されることになるわけです。

　なお、立替えた現金の精算は、4月7日にA銀行から引出した際に行われていると考えられ、次のような仕訳が想定されます。

（借）	従業員未払金	4,220	（貸）	普通預金	100,000
	（従業員立替）				
	小口現金	95,780			

　これらの仕訳が反映された場合の現金出納帳については、ぜひ考えてみてください。

現金出納帳の「おかしな数字」(2)～なぜ現金取引か?

左の現金出納帳を見て、他に「おかしな数字」はありませんか。

部材購入　21,600円

　実務上、材料を現金で購入することはありません。なぜなら一般的には資材部や購買部といった部門で発注し、発注した材料が適切

に現場に届いているか確認する行為、すなわち検収行為を伴うプロセスを経た後、掛で購入するからです。これを現金で購入する場合は、支払の事実が確認できる領収書等を添付した支払伺いなどにより、上長の承認を受けた後、支払われることになります。

では、なぜ現金で材料を購入したのでしょうか。急に材料不足が生じ、ホームセンターなどで購入する必要が出てきたのでしょうか。この時考えなければならないのは、本当に必要な材料が必要な量だけ購入されているのか、ということです。通常の材料購買プロセスに従った手続をとれば、これらの点は確認されているはずですが、一般的に小口の経費の支払いプロセスである現金購入では、確認されない可能性があります。そのため、実際に購入したモノの確認（検収行為）が手薄になりがちな管理の弱さを突いて、余分なモノを個人で使用したり、横流ししたりと、不正に利用されることも考えられます。

また、この現金取引の背景を探ってみると同時に、ホームセンターで材料を緊急的に購入しなければならない生産管理の甘さについても、また調べてみる必要があるでしょう。

【参考】小口現金取引で注意する取引

現金での取引がすべておかしいというわけではありませんが、以下のような取引には注意しましょう。最近では、経費精算も口座振込を利用し、できる限り小口現金取引をしないように工夫する会社も増えてきました。

●アルバイト代の支払い（なぜ振込にせず、現金を手渡しするのか。）

●手数料の支払い（何に対する手数料か。なぜ現金で渡すのか。）

●会費・寄附金の支払い（どのような団体への支払いか。）

●仮払金の支払い

（仮払いの内容は何か。もちろん出張旅費等の社内規程に基づくものは問題ないが、個人の使い込みに利用されていないか。長く未精算となっていないか。）

領収書に基づいた支払いの場合は、レシートに比べ内容が不明確の場合があるので、実際に何を購入したのか、本当に会社のモノとして購入したのか、適宜確認することが望まれます。

3 銀行の残高証明書と一致していれば 十分というわけではない

預金

1 預金の管理

　預金残高がいくらであるのか、確認する方法は非常に簡単です。預金通帳を見る、残高証明書を入手しこれと照合する、最近ですとファームバンキングを利用してパソコンで残高を確認する、という方法が考えられます。

　では、これらと帳簿上の残高が一致していることが確認されたら、本当に問題はないのかというと、実は十分ではありません。

　たとえば、ある会社がＡ銀行とＢ銀行に当座預金口座を持っていたとします。Ａ銀行の当座預金をＢ銀行に移動させるために、Ａ銀行の小切手100万円をＢ銀行へ持ち込みます。すると、小切手は現金と同様に取り扱われますので、Ｂ銀行では100万円の預入れという処理を行います。一方、Ａ銀行では、小切手が振り出されたとしてもＢ銀行が小切手を交換所に回している最中であり、交換が完了していなければＡ銀行の口座から100万円が減らされることはありません。つまり、一時的ではあるもののＡ・Ｂ両銀行の口座にそれぞれ100万円ずつあることになるのです。

　もちろん、これが実際の資産状況を表現しているとはいえないため、このような「帳簿上の残高と実際の銀行残高が相違するケース」では、いずれかの銀行が把握している残高（このケースの場合ではＡ銀行の残高）を調整して

第2章 勘定科目はこう見る！

図表 2-2　銀行勘定調整表（例）

銀行勘定調整表		
平成×年×月×日		（単位：円）
当座預金残高（帳簿残高）		0
加算		
①未取付小切手 　　　　　計	1,000,000	1,000,000
		1,000,000
減算		
銀行残高証明書残高		1,000,000

※帳簿残高からスタートして銀行残高に調整する形での調整表である。

管理するということが必要になります。この管理表を一般に、銀行勘定調整表といいます。

　このケース以外にも、銀行勘定を調整して管理する必要がある取引があります。たとえば、借入金の返済を約定日で認識し、仕訳を起こすことをルールとしている会社があった場合です。たまたま約定日が銀行の営業日ではなく、返済処理が翌日に回ってしまうと（一般的には、返済日が営業日ではない場合、その前日に支払うことになっている契約が多いですが）、帳簿上は、

（借）借　　入　　金　　×××　　　　（貸）銀　行　預　金　　×××

という仕訳が起きます。ですが、銀行の処理は翌日に回ってしまうため、口座から残高が減らされることはありません。やはり銀行勘定調整表による管理が必要となります。

　ここで注意しなければならないのは、銀行勘定調整表の調整している内容は何か、ということです。本来調整する必要がない項目が調整されていることがあれば、それは誤った調整ということになります。何が調整項目となるかを正しく把握するためには、銀行取引の基礎も学んでおく必要があります。

68

預金残高が正しければそれでよいか

　銀行勘定調整表もつくり、預金残高が正しいことが確認されました。ではこれで本当に、管理上問題ないのでしょうか。

　誰の目にも触れず、口座を管理している人物がいるとします。その人物が、会社の預金をいったん銀行口座から引き落とし、勝手に私的に使った上で、しばらくしてから返却する。このようなことがもし行われていたとしても、帳簿上の預金残高は通帳の残高と一致します。もちろん銀行の発行する残高証明書とも一致することになります。

　では、どうすればこのような不正が見抜けるのでしょうか。それには、預金の最終的な残高だけでなく、期中の増減も見ておくことです。具体的には、通帳の預入れ額と引出し額に気をつける、ということです。

　たとえば、引出しが100万円あり、ほぼ同時に100万円の預入れがあったとします。最終的な残高は変わりませんが、そのような預金の異動が行われたのはなぜなのか、預金を一時的に引き出した合理的な理由は何なのかと、考えてみる必要があります。もしかしたら、先ほどの例のように、一時的に個人的な資金繰りに回されていることがあるかもしれません。

　このような不正が行われていた場合、当然ながら会社の帳簿には記帳されません。帳簿残高が実際の預金残高と一致していたとしても、問題がないわけではないのです。

① 増減額をチェックする方法 —— キャッシュ・プルーフ

　では、具体的にはどのような方法でチェックをすればよいのでしょうか。ただ通帳に目を通すだけでも発見できるかもしれませんが、規模の大きな会社であれば通帳に記帳されている一件一件の取引が帳簿に記載されているかどうかを確認することは現実的ではありません。

　そこで考えられる確認方法が「キャッシュ・プルーフ」という手法です（次頁図表2-3）。この手法は、通帳の入金合計、出金合計と帳簿の銀行預金勘定の借方に記載された金額の合計、貸方に記載された金額の合計がそれぞれ一致しているかどうかをチェックするもので、ちょっと手間はかかりますが、一件一件確認するよりはかなり効果的な手法です。

　もしこれが一致しなければ、帳簿に記載されていない取引が存在する可能性があり、もしかすると先ほどの例のように、預金が私的に流用されている可能性や、会社が表に出したくない相手先に一時的に貸し付けているなどの可能性も出てきます。

3 銀行の残高証明書と一致していれば十分というわけではない

図表2-3 キャッシュ・プルーフ

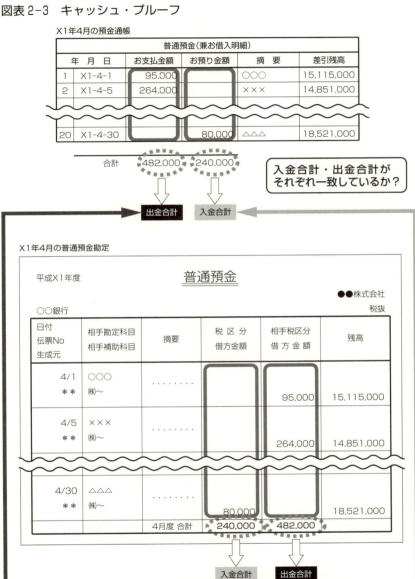

第2章 勘定科目はこう見る！

② 帳簿に記録されていない取引を見抜く —— 不正の存在

　ある会社でキャッシュ・プルーフを行った際、通帳と帳簿の増減額が不一致となっていました。担当者の説明では、「振り込んでまたすぐ入金するので、帳簿に記録しなくてよいと部長から指示を受けた取引があります」とのことでした。すると、確かに不一致だった金額分だけ、ある口座に振り込まれ、また半月後に同額入金していたことが、通帳でわかりました。その振込先とは、社長の息子の会社だったのです。

　部長に話を聞くと、「社長から、『息子の会社が資金的に困っているので融資してやってほしい、すぐ返済させるから』と依頼されたのです。帳簿に記録しておくと、他の知るところになるため避けたい」とのことでした。

　社長とはいえ、ほかの取締役に知らせず、利息もとらず、契約書も作らないで融資を行うということは、会社の存在を脅かす行為といわざるを得ません。結局、この問題はほかの取締役の知るところとなり、社長交代ということで幕を閉じました。

POINT

① 預金残高が正しいかどうかは、銀行残高証明書などで確認することになるが、これと帳簿残高が一致しているからといって、それで十分と考えてはいけない。

② また預金残高が正しいとしても、その増減にも着目し、帳簿に記録されていない取引がないかについて十分に注意する。

CASE STUDY

銀行預金通帳の「おかしな数字」〜引き出しのタイミング

以下の普通預金通帳を見て、「おかしな数字」を指摘してみてください。

【普通預金通帳】　　　　　　　　　　　　　　　　　　　　　　　　（単位：円）

年月日	お取引内容	お支払金額	お預り金額	差引残高
XX－3－29	ATM（123）	50,000		30,240,000
XX－3－29	振込　　カ）タナカショウジ		3,240,000	33,480,000
XX－3－30	振込　　カ）タカハシコウギョウ		108,000	33,588,000
XX－3－31	ATM（456）	50,000		33,538,000
XX－3－31	振込　　カ）A		10,000,000	43,538,000
XX－4－1	振込　　カ）A	10,000,000		33,538,000

3月29日と3月31日のATMからの50,000円の引出し

ATMからの引出しは、小口現金補充を目的として行われます。なぜ、このような短い期間で引出されているのでしょうか。小口現金の補充ルールはどのように決まっているのでしょうか。小口現金が足りなくなる都度引き出されているような管理方法ですと、異常な現金の出入りに気付きにくくなります。

このような短い期間での預金口座からの引出しについては、「なぜこのような小口現金の補充の仕方をしたのか」という目線で通帳を読む必要があります。もしかすると、口座から引出した担当者が自分のために使っているかもしれません。

また、3月31日の10,000千円の入金と4月1日の出金は、どのような意図があってのA社との取引なのか注意しましょう。3月決算を想定すると、決算日前後の取引に係る資金の動きについては留意する必要があります。

いくらで評価すればよいのか

4

有価証券・投資有価証券

　有価証券・投資有価証券にはどのようなものがあるでしょうか。さまざまな分類の仕方があるかと思いますが、ここでは「時価のあるもの」と「時価のないもの」という分け方をします。

1 時価のある有価証券

　そもそも時価とはなんでしょうか。会計的にいうと、「公正な評価額」のことをいい、「公正な評価額」とは、「市場価格に基づく価額」や「合理的に算定された価額」をいいます。「市場価格に基づく価額」とは、たとえば東京証券取引所における上場株式の売買の際に決定される株価はこれに該当します。「合理的に算定された価額」とは、たとえば利率・期間等から数学的に理論値を算定するものがこれに該当します。

　時価がなぜ重要かというと、決算書上時価のある有価証券は時価で計上し、その評価差額は純資産の部に含まれなければならないからです。

　もうひとつ重要なのは、時価で評価する前の帳簿価額と時価を比較して、時価が著しく下落している場合、下落した価格分を減損処理（費用処理）しなければならないという点です（ただし、売買目的で保有している有価証券は除きます）。

4 いくらで評価すればよいのか

① 減損処理しなければならない下落率とは ── 減損ルール

では、時価のある有価証券の場合、どれほど時価が下落すれば、時価までの差額を減損処理しなければならないのでしょうか。金融商品会計に関する実務指針第91項では、時価のある有価証券の減損処理について、次のように定めています。

- 個々の銘柄の有価証券の時価が取得原価に比べ「著しく下落した」場合には、合理的な反証がない限り、時価が取得原価まで回復する見込みがあるとは認められないため、減損処理を行わなければならない。
- 個々の銘柄の有価証券の時価が取得原価に比べて50%程度以上下落した場合には「著しく下落した」ときに該当する。
- 個々の銘柄の有価証券の時価の下落率がおおむね30%未満の場合には、一般的には「著しく下落した」ときに該当しないものと考えられる。

ここで問題になるのは、下落率が30%以上50%未満の場合、「著しく下落した」というのかどうかということです。同実務指針第284項では、このような場合、時価の著しい下落率についての固定的な数値基準を定めることができないため、状況に応じ個々の会社において時価が「著しく下落した」と判定する合理的な基準を設け、当該基準に基づき回復可能性の判定の対象とするどうかを判断することが求められています。まさに「砂山のパラドックス」の具体例がここに登場するわけです。

② 正しい減損ルールか ── 会計基準の趣旨に則したルール

ある会社では、「下落率が30%以上50%未満の場合、『著しく下落した』とは考えない」というルールを定めていました。ですが先ほどの実務指針第

75

91項によれば、「著しく下落した」ときに該当しないのは、下落率がおおむね30％未満の場合です。いくら会社で基準を設けてよいとはいっても、実務指針の趣旨に則したものでなければなりません。今の会社の設定した基準では、減損処理するのが適当である有価証券に「おかしな数字」が含まれる可能性が出てきます。実際にこの会社では、時価のある投資有価証券について、3年以上40％〜45％の下落率が続いている銘柄が存在していました。この状態では、この投資有価証券については取得価額まで回復する可能性はないと考えるのが実務指針の趣旨です。ですので、たとえば「2期連続で下落率が30％以上50％未満となった場合は、『著しく下落した』ものと判断し、減損処理を行う」などのルールとし、恣意性を排除するために文書化した上で、毎期継続して適用する必要があります。

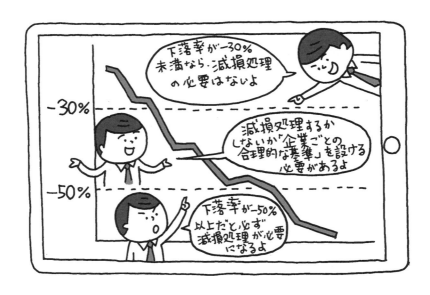

時価のない有価証券

　では非上場会社の株式はどうでしょうか。非上場のため、当然、市場価額というものがありません。したがって、この場合、買ったときの価額、つまりは取得価額で評価せざるを得ません。しかし、このような時価のない有価証券についても、その価値が著しく低下したときには、減損処理しなければならないことになっています。この減損処理の要否についての基準となるものが「実質価額」です。これは、期末における発行法人の1株当たり純資産に所有株式数を掛けたものですが、この実質価額が取得価額の50％以下になったとき、実質価額まで減損処理をすることになります。

　すると、ここで問題が起こることになります。発行法人の1株当たり純資産が1株当たり取得価額の50％以下だったとしても、含み益を有する土地などを保有していればそれを反映させ、結果として50％以下ではないと判断することはできないのかということです。現在の会計基準においては、土地などの有形固定資産を時価評価するということはないため、こういった含み益は純資産に反映しないことになっていますが、有価証券の評価に当たっては、会計基準上、このような含み益を考慮することになっています。

POINT
① 会計基準の趣旨に従った減損処理に係るルールを設定することが大切。
② ルールが適正でなければ、適正な評価が行われているはずがない。

CASE STUDY

投資有価証券の評価検討資料の「おかしな数字」
～減損要否の検討は十分か？

 以下の投資有価証券の評価検討資料を見て、「おかしな数字」を指摘してみてください。なお、投資有価証券の期末時価評価前の残高は10,713,000円です。

【投資有価証券の評価検討資料】

No	銘柄	①数量(株)	②基準単価(円)	③基準金額(①×②)	上場の有無	④時価単価(円)	⑤時価金額(①×④)	⑥時価との差額(⑤-③)	⑦期末簿価金額(円)	⑧下落率(%)(⑥/③)	減損金額(円)
1	(株)A	1,000	47	47,000	東1	100	100,000	53,000	100,000	112.8%	0
2	(株)B	2,000	343	686,000	東1	212	424,000	(262,000)	424,000	-38.2%	0
3	(株)C	1,500	417	625,500	東1	193	289,500	(336,000)	289,500	-53.7%	336,000
4	(株)D	1,000	1,650	1,650,000	東1	1,015	1,015,000	(635,000)	1,015,000	-38.5%	0
5	(株)E	3,000	181	543,000	東1	200	600,000	57,000	600,000	10.5%	0
6	(株)F	2,500	91	227,500	東1	80	200,000	(27,500)	200,000	-12.1%	0
7	(株)G	2,000	617	1,234,000	東1	232	464,000	(770,000)	464,000	-62.4%	770,000
8	(株)H	2,000	2,350	4,700,000	非上場	2,350	4,700,000	0	4,700,000	0.0%	0
			合計	9,713,000			7,792,500	(1,920,500)	7,792,500	-19.8%	1,106,000

(注) ②基準単価…期末時価評価前の単価
　　 ④時価単価…期末日における取引所の株価の終値

A 次のポイントに気を付ける必要があります。

① 下落率30%以上50%未満の(株)Bおよび(株)Dの株式

(株)Bおよび(株)Dの株式については、下落率が30%以上50%未満の範囲にあります。減損金額の欄をみると、減損処理されていないことが分かりますが、本当に減損処理を行わないでよいのか、会社ルールと照らし合わせてみる必

要があります。一般的には2期連続して下落率がこの範囲にあるようでしたら、減損処理するルールが多いことを考えると、前期末時点の下落率をまずは確認する必要があるでしょう。

②　非上場株式である㈱H株式の評価

　㈱Hの株式については、非上場であるため、取引所の株価は存在しません。資料を見ると④時価単価には、②基準単価と同額が入力されています。非上場会社の株式の減損検討においては、④時価単価には、実質価額（1株当たりの純資産額）を入力しておくべきです。もし下落率が50％以上の場合は、減損処理を検討することが必要です。

③　帳簿と管理資料との不整合

　投資有価証券の期末時価評価前の残高10,713,000円に対し、資料の③基準金額の合計が9,713,000円となっており、差異が1,000,000円あります。当該差異分の投資有価証券の検討が漏れているということがこの資料から分かります。もしかすると、帳簿の方が間違っていることも考えられますので、いずれにしても調べる必要があります。

5 どのようにして存在を確認するか
売掛金

 売掛金の管理

　売掛金とは、掛けで販売した際に生じる債権です。現金や手形で販売すれば当然それらを手に入れることができますが、掛けでは目に見える形で何かを得るということができません。一般的な言い方をすれば、ツケで販売するということです。

　では、このようにツケで販売した結果得られた債権である売掛金の残高が正しいか、どのように確認すればよいでしょうか。現金であればそのものを数えることで存在が確認できますし、預金であれば通帳や残高証明書で確認できます。ところが、売掛金にはそのような外部資料は存在しません。

① 先方に書面で確認する —— 残高確認書

　もっとも有効な確認方法は、得意先に対し残高確認書を送付することです。ただ実務上、すべての得意先に残高確認書を送付することは困難であり、またコストもかかることから、いくつかの得意先に絞ってサンプルで実施している会社が多いかと思います。

　残高確認書は基準日を決め、その基準日における残高を記載した上で先方

にその記載した残高で問題が
ないか確認してもらうやり方
が一般的であり、もし記載し
た残高と異なる場合は、先方
が把握している残高を記載し
てもらい、わかる範囲で差異
理由をあわせて記載してもら
う形をとります（**図表2-4**）。

　この残高確認書は、得意先
の協力なくしては回収できな
いため、事前に得意先に協力
を依頼し説明することが重要
であり、また残高確認書の回
収が遅れているような場合
は、適宜督促するということ

図表2-4　残高確認書（例）

も必要となります。このような回収管理を適切に行うためには、残高確認書
発送一覧（**図表2-5**）を作成し、発送日と回収日などを記録することが不可
欠となります。

図表2-5　残高確認書発送一覧（例）

コントロールNo.	確認先名	部署	売掛金残高	回答額	差異金額	発送日	回収予定日	回収日
1	A社	X製品事業部	304,400	800,000	4,400	4月15日	4月25日	4月24日
2	B社	Y購買部	1,333,400	1,333,400	0	4月15日	4月25日	4月22日
3	C社	Z事業部	34,000			4月15日	4月25日	
⋮	⋮	⋮	⋮	⋮	⋮	⋮	⋮	⋮

回収したらここに
回収日を記載する

② 残高確認書は回収で終わらない —— 差異分析

　残高確認書による残高確認でもっとも重要なことは、把握している金額と回答として記載された金額との間に差異が生じている場合、その差異を正しく分析できているかどうかということです。

　差異が生じている原因としては、⑴先方が誤っているケース、⑵当方が誤っているケース、⑶双方が誤っているケース、⑷双方が正しいケース、があります。私の経験上、先方か当方かどちらかが正しいと考えてしまう担当者が多いような気がします。可能性は低いかもしれませんが、上記の⑶のケースもあり得るということも意識し、「結局正しい売掛金残高は何なのか」という視点で差異調整が実施されなければならない点に留意することが必要です。そのためには、双方における取引実態をより詳細に確認するために、たとえば先方から詳細な検収明細などを入手し、こちらが出荷したモノの注文書や納品書（控）などの証憑と照合することで、先方のあるべき買掛金残高と当方のあるべき売掛金残高をそれぞれ検討するということも必要となります。

　ところで⑷の場合とはどのような状況で生じるのでしょうか。たとえば、当社は出荷基準で売上（売掛金）を計上し、得意先は、検収基準で仕入（買掛金）を計上している場合を考えてみましょう。当社からは製品100万円分を出荷済みであるのに対し、得意先ではまだ製品が未検収になっているケースを考えてみます。すると、当社においては売掛金100万円が計上されているにもかかわらず、得意先においては買掛金がまったく計上されていないことになります。では、当社の売掛金残高もしくは得意先の買掛金残高は誤っているといえるのでしょうか。もちろん、この場合は双方の会社で適正な会計方針に基づき正しく会計処理されている以上、ともに計上している残高は正しいと考えられます。したがって、残高確認書上に生じている差異は、適正なものと結論付けられるのです。

5 どのようにして存在を確認するか

③ 差異が発生していないことがおかしいこともある──残高確認書自体の誤り

ここでもし、⑷ケースのように差異が生じることが当たり前であるにもかかわらず、残高確認書上差異が生じていない場合（つまり当社が把握している金額と同額の回答金額である場合）、まず考えなければならないことは、得意先が自分たちの把握している残高を記載せず、ただ送られてきた残高確認書と同額を記載して返送しているだけである可能性が高いということです。このような疑いのある得意先に対しては、わざと誤った金額で残高確認書を記載して発送するという方法も検討してみる必要があるでしょう。

ある会社では、毎年、売掛金について残高確認書を得意先に発送し、得意先からはキチンと同額の回答を得ていました。しかし、あることがきっかけで得意先には買掛金は存在しておらず、帳簿上では存在していた売掛金が、実際には存在していないことが明らかとなったのです。そのきっかけとは、売掛金の入金が遅れていることを不審に思った会社の社長が、得意先の社長に飲み会の席でそれとなく聞いてみたところ、得意先の社長が「その支払いは既に済んでいるはず」との説明をしたことでした。これをきっかけとして、双方の会社で内部調査が行われ、結果、会社の経理部長が得意先の残高確認書回答担当者に対し、「送付した残高確認書の金額と同額で回答してほしい」との依頼を行っていたことが判明しました。なんと、回収された売掛金は、経理部長により使い込まれていたのです。彼はその発覚を免れるため、確認先と共謀して売掛金が未だ回収されていないように見せていたのでした。

このように残高確認書は、確認先との共謀があるとその目的を十分果たすことができません。また、このケースのように、経理部長が関与している不正は、なかなか発見することが困難です。しかし最低限度の手続として、少なくとも先方からの回答金額については、その回答に責任をもてる人間が承認しているかどうかについて、残高確認書上の押印などにより確認しておく

83

必要があります。

売掛金台帳の見方

　先に述べたような不正のケースがあるとはいえ、それでも残高確認書の発送は、売掛金の残高を確認する方法として非常に有効な手続であることは明らかです。しかし、残高確認書の発送は、手間やコストが非常にかかるため、十分に実施できない会社も多いと思います。そこで、次は売掛金台帳を読むことで、「おかしな数字」を発見する方法を見てみましょう。

　会社により売掛金台帳の様式はさまざまです。ここでは、一般的と思われる得意先別に売掛金残高が確認できる台帳を想定します（**図表2-6**）。

図表2-6　売掛金台帳（例）　　　　　　　　　　　　　　　　（単位：円）

得意先名	1月末残高	増　加	減　少	2月末残高	増　加	減　少	3月末残高
○○社	234,300	480,000	126,540	587,760	570,000	234,300	923,460
××社	739,280	567,000	739,280	567,000	764,000	567,000	764,000
⋮	⋮	⋮	⋮	⋮	⋮	⋮	⋮

① 売掛金残高がマイナスになっていないかを確認 ── ありえない残高

　まず、もっともわかりやすい売掛金台帳のなかの「おかしな数字」は、ある時点の売掛金残高がマイナス残高になっている場合です。

　通常、売掛金の残高がマイナスになることはあり得ません。前受金があった際に売掛金の減少として処理してしまったのか、そもそも売上高（および売掛金）の計上を忘れたところに入金があったのか、そうでなければ売掛金の消込みミスなどが考えられます。たとえば、本来A社からの入金として売掛金を消し込まなければならないところを、既に入金済みで残高を消し込ん

でいるＢ社からの入金として処理してしまうと、Ｂ社に対する売掛金残高が
マイナスになってしまいます。いずれにしても、売掛金のマイナス残高には、
「おかしな数字」が含まれていることが多いため、注意する必要があります。

② 売掛金の決済条件と残高の整合性を確認 —— あるべき売掛金残高

　次に、売掛金の決済条件を念頭に置いた売掛金台帳の読み方です。通常、
取引先ごとに決済条件が決まっています。同じ取引先でも取引内容により決
済条件がかわってくることも当然考えられますが、ここでは単純なケースで
考えることにしましょう。

　ある得意先との決済条件が、月末締め翌々月末振込であるとします。この
決済条件ですと、たとえば1月15日に売掛金が計上されると、翌々月であ
る3月末に銀行振込で入金します。このときの売掛金が100円だったとする
と、1月末の売掛金残高、2月末の売掛金残高が100円、3月末の残高は0
円ということになります。さらに2月15日に売掛金110円計上されると、
翌々月である4月末に銀行振込で入金しますので、2月末の売掛金残高およ
び3月末の売掛金残高が110円、4月末の残高は0円ということになりま
す。またさらに3月15日に売掛金120円計上されると、翌々月である5月
末に銀行振込で入金しますので、3月末の売掛金残高および4月末の売掛金
残高が120円、5月末の残高は0円ということになります。

　加えて、4月度は130円売上げたと仮定してこれら取引によって生じた売
掛金の残高と入金消込みの推移を売掛金台帳で追ってみますと、次のような
ものとなります。

売掛金台帳　　　　　　　　　　　　　　　　　　　　　　　　（単位：円）

得意先	1月度	2月度			3月度			4月度		
	1月末	借方	貸方	2月末	借方	貸方	3月末	借方	貸方	4月末
Ａ社	100	110		210	120	100	230	130	110	250

第2章 勘定科目はこう見る！

　1月で計上された売掛金は、3月中に入金するので3月度の貸方に100記入されます。2月で計上された売掛金は、4月中に入金するので4月度の貸方に110記入されます。また3月で計上された売掛金は、5月中に入金することになります。

　ここで台帳から明らかとなるのは、2月末の残高を構成しているのは1月の売上100と2月の売上110、3月末の残高を構成しているのは2月の売上110と3月の売上120、4月の残高を構成しているのは3月の売上120と4月の売上130ということです（図表2-7）。つまり、月末締め翌々月末決済という条件であれば、残高は直前2か月分であるということです。

図表2-7　売掛金の内訳

	2月残高	3月残高	4月残高
1月計上の売掛金	100	0	0
2月計上の売掛金	110	110	0
3月計上の売掛金		120	120
4月計上の売掛金			130
計	210	230	250

※月末締め翌々月決済という条件であれば、直前2か月分が残高となっている。

③ カイティング —— 回収偽装方法

　もし、決済が条件通りに行われていない場合、このような借方と貸方の数値の表れ方はしません。もしかすると一部の売掛金を回収していない可能性もあります。次頁の図表2-8を見てください。3月に入金予定だった1月計上の売掛金100を本当は回収しているにもかかわらず、遅延しているということにし、その100を個人の懐（別口座など）に入れたとします。そしてその回収が遅延した100は1か月遅れて4月に回収したと説明します。4月に回収された110は、実際は2月計上の売掛金ですが、これを1月計上したも

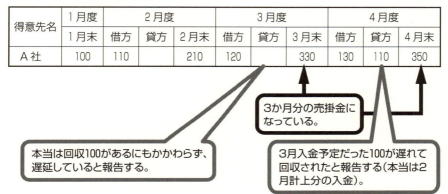

図表2-8 異常な回収状況

のと説明するわけです（10余分ですが、「先方が多目に振り込んできた」などと説明するのでしょう）。これ以降5月であれば120が回収されることになりますが、これを3月分ではなく2月分であると説明するわけです。これ以降も同様な説明を続けると、懐に入れた100は、誰にも気付かれない可能性があるのです。

　この不正の手法は、凧を手繰り寄せるように回収を偽装することから、カイティング（Kiting）と呼ばれています。カイティングを行いやすい環境としては、年間を通してだいたい一定金額の取引を行っている場合や、売掛金の消込み作業が十分ではない場合に、使われやすいといえます。

　もし、カイティングが行われていたとしても、先に述べた売掛金台帳の読み方をしていれば、「なぜこの決済条件で、売掛金残高が3か月分になるんだ？」という疑問を持つことになるので、「おかしな数字」が発見される可能性が高まるといえるでしょう。

俯瞰的に売掛金残高をとらえる

　上記のような売掛金台帳の読み方を応用すると、俯瞰的に売掛金残高に「おかしな数字」が隠されていないか、分析できます。

　ここでは、売掛金の回転期間を使った売掛金残高のとらえ方をとりあげてみます。もし、前期と得意先の決済条件がかわっていないという前提があれば、売掛金の回転期間（売掛金残高／平均月度売上高）もかわっていないと考えられます。上記のようにすべての得意先との決済条件が月末締め翌々月末振込というものであれば、回転期間は2か月となります。つまり毎月末の売掛金残高は、2か月分の売上から構成されているということです。実際には、得意先ごとにさまざまな決済条件があると考えられますので、平均的な決済条件、回転期間を利用して売掛金の残高推定値を算出することができます。

　たとえば回転期間が2か月であれば、平均の月度売上高が100万円の場合、売掛金の推定値は200万円（消費税率8％を考慮すると216万円）になります。この推定値と実際の残高にかい離が生じている場合、売掛金に「おかしな数字」が紛れ込んでいる可能性があります。つまり、入金のない売掛金や過大に計上された売掛金が存在する可能性があるということです。

　より詳しい分析をするとすれば、次頁の**図表2-9**のように3月末の売掛金を分析するにあたっては、2月と3月の売上高の合計と3月末の売掛金残高を比較するとより正確な分析ができます。

図表2-9 売掛金の内訳
売掛金の回転期間が2か月、消費税等8%とした場合

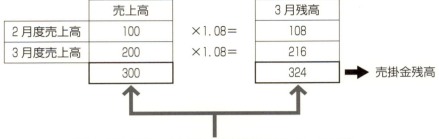

4 売掛金の回収可能性を検討しているか

　当社が把握している売掛金の残高が、得意先が把握している買掛金と一致しているとしても、それで当方の決算書が正しいといえるかといえば、そうではありません。なぜならば、貸借対照表に計上されるべき売掛金の残高は、回収可能性を考慮して計上される必要があるからです。

　売掛金のうち回収が見込めない金額については、貸倒引当金が計上されることになります。この貸倒引当金は、回収が見込めない金額を見積もることによって算出されますが、その算出方法は、少々難しい点が多いものとなっています。会計基準上、その算出方法について定められてはいますが、詳細は会社判断に委ねられている点があるためです。そこでのポイントは、その会社判断が、会計基準に準拠して定められているかどうかということです。そもそもこの会社判断自体が不明確なケースも多く、経理担当者の任意で決められていることも実務的には散見されます。また算定方法が定められたとしても、それが実際に運用されているかということも重要です。

　ある会社では、売掛金の回収が遅延しても、再度決済条件を決め、その条

第2章 勘定科目はこう見る！

件通り入金すれば特に問題はなく貸倒引当金を計上しないというルールをつくっていました。しかし、会計基準のひとつである「金融商品に関する会計基準」においては、弁済期間の延長や弁済の一時棚上げなどがあった場合、貸倒懸念債権に区分する必要がある旨の決まりがあります。この会計基準に準拠しないルール（会社判断）に基づく決算は、正しい決算書とは言えないため、「おかしな数字」が含まれた決算書ということになります。

　なお、貸倒引当金の詳細については、**12** 引当金を参照して下さい。

POINT

① 　売掛金残高は、得意先に対する残高確認書による残高確認を実施し、得意先が回答した残高との間に生じた差異を適切に分析することによって確認することができる。

② 　また売掛金台帳を読み、売掛金の計上と消込みの異常の有無に留意することで、売掛金残高に含まれる「おかしな数字」に気付く可能性が高まる。

③ 　売掛金の回転期間を利用して、売掛金残高に「おかしな数字」が隠されていないか、分析することもできる。

④ 　売掛金残高が確認できたとしても、その回収可能性に問題がないかの検討もあわせて重要である。

CASE STUDY

売掛金年齢表の「おかしな数字」～滞留しているのは分かるが…

Q 以下の売掛金年齢表を見て、「おかしな数字」を指摘してみてください。なお、売掛金残高は454,000千円です。

【売掛金年齢表】
(単位：円)

得意先	6か月以下	6か月超	1年超	2年超	3年超	4年超	5年超	計
㈱A	540,000							540,000
㈱B			1,080,000					1,080,000
㈱C	2,700,000			3,150,000				5,850,000
㈱D	648,000	648,000	108,000					1,404,000
⋮	⋮	⋮	⋮	⋮	⋮	⋮	⋮	⋮
計	446,776,000	2,786,000	1,188,000	3,150,000	0	0	0	453,900,000

A 次のポイントに気を付ける必要があります。

① ㈱Bの1年超売掛金1,080千円

売掛金が認識されてから、1年超回収されていないことを意味します。回収可能性はあるのか、調べてみる必要があります。なお、B社とは6か月以下の売掛金残高がないことから、現在は取引が行われていないことも想像できます。

② ㈱Cの2年超売掛金3,150千円

2年超も未回収になっている売掛金につき、回収可能性はあるのか調べてみる必要があります。

一方で、未回収になっている滞留売掛金がありながら取引を継続しているのはな

ぜか、滞留原因が明確になってから取引を始めるべきではないか、といった点が気になるところです。考えられることは、取引上のトラブル（たとえば価格面や販売したモノの品質面などの問題）があり、その交渉に時間がかかっているのではないかということです。もしかすると、C社はその3,150千円の債務認識がないかもしれません。売上の架空計上も考えられます。

売掛金3,150千円については、C社に残高確認書を発送して債務認識されているか確認するととともに、当該取引を裏付ける証憑類を調査する必要があります。

③　(株)Dとのすべての売掛金

1年超売掛金の回収可能性について気になるのはB社やC社と同様ですが、加えて、D社との決済条件はどうなっているのか確認してみましょう。偶然かもしれませんが、6か月以下と6か月超で同額の売掛金が残っているのは、1年以内の売掛金について、回収実績がまったくなかったのではないかと想像してみます。

入金があった場合は、1年超に該当する売掛金から回収処理している、つまり、決済条件が1年超入金であると推定してみるということです。

もし決済条件が1年超入金ではないということになると（1年超入金というのは資金繰り上非常に厳しいビジネスといえます）、売掛金の消込処理（回収処理）はどのように行っているのでしょうか。本当は、6か月以下の売掛金を消込まなければならないところを、1年超の売掛金から機械的に消込処理しているということになります。すると、実は一部回収不能になっている債権が存在するにもかかわらず、それを隠すため、一番長い滞留分から先に消込処理しているのではないか、との疑念も湧いてくるわけです。

④　帳簿と売掛金年齢表との不整合

売掛金年齢表に集計されていない売掛金が100千円あります（=454,000千円−453,900千円）。もしかすると、帳簿の方が間違っているかもしれません。いずれにしても調べる必要があり、帳簿が正しいとすると、この年齢表に出てくる滞留データ自体、信ずるに値するかどうか、ということにもなりかねません。

6

これを見れば会社の管理レベルがわかる

棚卸資産

① 棚卸資産の管理

　棚卸資産には、製品、商品、半製品、仕掛品、原材料といったものがあります。一般的には、原材料を仕入れ、これを使用し加工することで仕掛品となり、最終的に販売できるような状態、つまり製品となります。また、販売はできるがまだ最終段階に至っていない状態を半製品といいます。半製品と仕掛品の違いは、販売可能かどうかの違いで、仕掛品は一般的には販売できる状態にないと考えられます。

　これら棚卸資産は、まさに会社の事業の中心となる資産であり、日々その残高に動きがある資産です。では、この残高の動きをどのように管理すればよいのでしょうか。

① 重要なのは不一致の原因を調査すること —— 実際の在庫残高と継続記録

　通常、モノを仕入れた際に在庫の増加、出荷した際には在庫の減少というように受け払いが管理簿に記録されていきます。増加減少が正しく記録されていれば、ある時点における実際の在庫残高は、この記録（継続記録といいます）と一致するはずです。しかし実務上は、実際の在庫残高と継続記録が

93

第 2 章 勘定科目はこう見る!

一致しないことはままあります。一致しないことの原因は、記録が誤っていたり、在庫がなくなっていたりなど、さまざまです。この不一致の原因をどこまで把握・管理しているか、ということが会社の在庫管理レベルを決めるものといってもよいでしょう。

管理レベルの高い会社は、実際の在庫残高と継続記録の不一致原因を調査し、不一致ができるだけ生じないような対策が継続的にたてられているため、ほとんど不一致が発生しないか、もしくは発生しても直ちに原因がわかる体制になっていることが少なくありません。したがって、会社の管理レベルを知るためには、まず実際の在庫残高と継続記録にどのくらいの（金額的・量的）差異が発生しているか、またその原因はどのくらいまで調査されているかを確認することが非常に重要になります。

② 2つの実地棚卸方法 ── タグ方式とリスト方式

実際の在庫数量を確認する方法を実地棚卸といいます。実地棚卸の方法としては、大きく2種類あります。1つは棚札方式（タグ方式）で、もう1つはリスト方式です。

棚札方式とは、連番の棚札（タグ）を発行し、この棚札を会社に存在するすべての在庫について貼付していき、数量を記入した上ですべて回収することにより、在庫数量を把握する実地棚卸方法です。それに対しリスト方式とは、在庫の入出荷の継続記録である受払簿から期末に存在する在庫数量の一覧（リスト）を作成し、このリストをもとに現物に当たっていくことで在庫数量を確認する実地棚卸方法です。

この2つの実地棚卸方法にはその効果に大きな違いがあります。棚札方式は、すべての在庫をカウントの対象としていることから、棚卸資産の実在性とともに網羅性も検証できる手続であるといえます。一方、リスト方式は、

94

6 これを見れば会社の管理レベルがわかる

（参考）棚札（タグ）

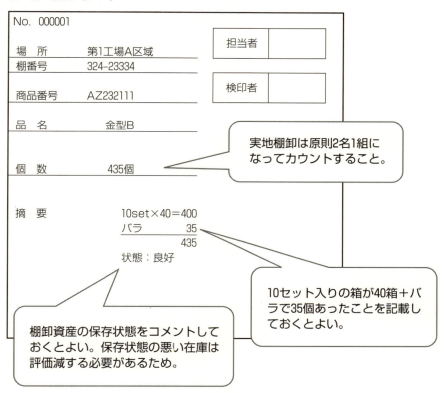

（参考）棚卸資産一覧表（リスト）（例）

（単位：個）

製品コード 製品名	繰越残数	入荷数量	出荷数量	現品残数
10001 A 製品	12	323	312	23
10002 B 製品	344	21	0	365
10003 C 製品	75	54	70	59

第2章 勘定科目はこう見る！

リストに載っている棚卸資産のみをカウントの対象としていることから、リスト上の棚卸資産の実在性を検証することはできますが、リスト以外の棚卸資産（すなわち簿外資産）の存在の有無は検証できません。つまり棚卸資産の網羅性の検証はできないことになります。そのため、リスト方式は、棚卸資産の継続記録（受払簿）が信頼性あるものでなければ、採用できないと考えるべきです。

たとえば入荷したにもかかわらず、入荷した事実を正しく継続記録に反映できていないような管理状況である場合は、リスト方式ではなく棚札方式によって実地棚卸を実施すべきです。逆に、継続記録が適正に行われているような会社であれば、棚札方式は時間とコストがかかる手続ですので、リスト方式を採用するほうが望ましいといえます。

2 棚卸資産の継続記録の見方

会社はあらゆる種類の在庫を有していますので、そのすべての在庫の入出荷を1つずつ見ていくというのは、あまり効果的な方法とはいえません。ここは受払簿(在庫管理システムが利用されていると仮定します)が提供するデータを利用することを考えてみましょう。ここで利用するのは、滞留在庫データです。

① 売れていない在庫は何か？── 滞留在庫データ

滞留在庫データは、管理される在庫の種類ごとに、たとえば最終出庫から6か月超（3か月超、1年超というデータの取り方も当然考えられます）経って出荷がないものは何か、を示すものです。またデータの取り方によっては、た

96

とえば仕入れてから6か月超経って出荷がないもの、ということもわかります。このようなデータを取ることによって、売れていない在庫は何かということを把握することができます。

（参考）

《売価》
- 見積追加製造原価
- 見積販売直接経費
- 正味売却価額

　ではこれが「おかしな数字」を知る上でなぜ重要なのでしょうか。それは、「棚卸資産の評価が正しく実施されているか」ということと、深く関係するからです。

　会計基準では、通常の販売目的で保有する棚卸資産は取得原価で計上し、期末に正味売却価額が取得原価より下落している場合には、正味売却価額で評価する必要があります。売れていない在庫というのは、正味売却価額、すなわち売価から見積追加製造原価および見積販売直接経費を除いた価額が取得原価より下回っている可能性が高いからです。

② 滞留仕掛品に着目しよう──製品、半製品、原材料の滞留との関係

　棚卸資産のなかでも仕掛品の滞留には要注意です。仕掛品とは、製品、半製品または部分品のため、現に仕掛中のものをいいます。生産から販売までの流れが順調に運んでいるときには、仕掛品が滞留するということはありません。仕掛品が滞留するということは、その完成品である製品が売れていない、もしくは将来売れなくなる可能性が高いことを意味します。もちろん仕掛品自体に問題があり、製造が中止されている状態にあることもあります。したがって、仕掛品が滞留している場合は、仕掛品自体の評価減の要否を検討するのは当然として、その完成品となる製品の評価にも留意する必要があります。

　なお、仕掛品の滞留期間を算定する場合、一般的には、材料が製造工程に

投入された時期から算定されます。通常製品は製造日数がある程度決まっているはずです。もし、その製造日数を超えて仕掛品が存在している場合は、何らかの異常があったと考えるべきです。

③ オーダーの振替え —— 滞留逃れ

このように仕掛品の滞留は非常に気を付けなければなりませんが、逆に気を付けている担当者によって悪いことが行われることがあります。

ある受注生産を行う会社では、個別原価計算が採用されており、製造指図書（Job orders。以下、オーダー）ごとに原価が集計されていました。現場の担当者がふと私に話してくれたのは、「滞留した仕掛品のオーダーがあれば、滞留しないように見せるために、いったん別のオーダーに振替えて、仕掛品の滞留データに集計されないようにするんですよ」という内容でした（図表2-10）。

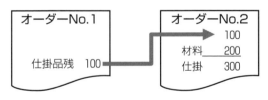
図表2-10　オーダーの振替え

新しいオーダーに振替えられた旧オーダーは、振替えた日をもって工程に投入されたと考えるため、滞留データには集計されません。このようなオーダー振替えを行うと、仕掛品の滞留の実態が把握できなくなり、仕掛品の評価、ひいては製品の評価を誤らせる可能性が高くなってしまいます。まさにここに「おかしな数字」が紛れ込むことになります。ではこのような不適正な仕掛品の振替えを防ぐためにはどうすればよいのでしょうか。

1つは、不自然なオーダーが設定されていないかどうかに留意することです。誰もが簡単にオーダーを設定できるような管理体制では、こうした仕掛

品などの評価損計上逃れを防ぐことはできません。

　もう1つは、オーダーの振替え自体が、簡単にはできないような管理体制を構築することです。

④ 不自然なオーダー —— 利益・損失の計上のタイミングを操作する

　ここでいう不自然なオーダーとは、実際に受注があるわけでもなく、かといって、売れる見込みもまったくないにもかかわらず発行されるオーダーをいいます。もちろん実務上は、会社の方針として将来の受注を見込んで、実際には受注に至らないかもしれないリスクのあるオーダーを発行することもあります。しかし一方で、担当者レベルで不自然なオーダーを利用して、次のような利益操作が行われてしまっている可能性も考えられるのです。

　通常のオーダーをAオーダー、不自然なオーダーをBオーダーとして使用したとしましょう。費用が発生すると、各オーダーにそれぞれ集計することになりますが、もし費用が予算を超えて過大に発生し、Aオーダーの製造原価が大きくなったらどうなるでしょうか。当然、このAオーダーの製品を売却したときの利益は予算より小さいものとなります。そこで、本当はAオーダーの費用であるにもかかわらず、予算超過分の費用をBオーダーのものとして集計します。すると、Aオーダーが販売されたときの利益は予算どおりのものとなります。ではBオーダーはどうなるのでしょうか。Bオーダーは、販売される見込みはありませんから、最終的には仕掛品の評価減という形で費用処理されることになります。もしくは、別のオーダーに振替えられることもあります。つまり、Bオーダーを利用することで、ある時期に利益を出し、別の時期にまとめて損を出すというように、利益の計上タイミングを操作することができてしまうのです。Bオーダーは、多額に利益が獲得できたタイミングで評価減してしまえば、Bオーダーが不自然なオーダー

であったことに誰も気付かないかもしれません。

このような不自然なオーダーを利用した利益操作が行われないようにするためには、誰もが勝手にオーダーを発行できるような体制にしていてはいけません。オーダー発行にあたって適切な承認手続を経ることが、「おかしな数字」を生まないための非常に重要な管理ポイントになるということです。

俯瞰的に棚卸資産残高をとらえる

棚卸資産が実在するか、また正しく評価されているか。このポイントを押さえておくことが、非常に重要であるということはわかりました。今度は、棚卸資産が実在しているということを俯瞰的にとらえるにはどうすればよいか見ていきましょう。

① どれくらいの棚卸資産を保有するか？──棚卸資産の回転期間

実在性を確認するもっとも重要な手続は実地棚卸ではありますが、もっと俯瞰的に、実地棚卸を行わないで、棚卸資産の実在性を大きくとらえるには、適正在庫数量を把握する必要があります。その際に重要となる指標は、棚卸資産の回転期間（棚卸資産残高÷平均月度売上原価）です。これは売掛金のケースと同様ですが、会社の方針として棚卸資産の残高は何か月分が適正か、という見方が重要です。

棚卸資産は多く保有すればするほどよいかというとそうではありません。なぜなら、棚卸資産を長期にわたって保有するということは、その分、資金が拘束され回転しなくなっている、ということが考えられるからです。また有形の棚卸資産を保有するためには、その置場を確保する必要があります。置場と

6 これを見れば会社の管理レベルがわかる

して倉庫を借りるとなるとその賃借料が必要となりますし、たとえ自社の倉庫を使うとしても、他の棚卸資産等を保管することで得られる収益が得られなくなるリスク（機会費用）を負担しなければならなくなる可能性もあります。

　つまり会社としては必要最少限の在庫を保有しておくことが望ましいということです。そのため、回転期間でいうと何か月分の在庫を保有するかという方針は、経営的にも意識しておかなければならない非常に重要なポイントになります。こうした「保有が予定されている在庫量」と「帳簿上の在庫量」を比較して、多いか少ないかという見方をすることによって、帳簿上の棚卸資産残高に「おかしな数字」が潜んでいないかを見抜くきっかけとなるのです。

② 回転期間を使って平均在庫を算出する──実際在庫と平均在庫との比較

　ここで回転期間を利用して製品の残高を検討してみましょう。製品の売れ行きが似かよったものをグルーピングし、グルーピングごとに回転期間を使用して検討する方法も考えられますが、ここでは製品在庫すべてについて回転期間を使用して製品残高を見ることにします。製品の標準回転期間が２か月（前期の回転期間を使用して分析するということも考えられます）、年間の売上原価が120億円とします。このときの期末の標準の製品在庫は120億円÷12か月×２か月＝20億円ということになります。ここで実際の製品残高が10億円だったり、30億円だったりした場合、「おかしな数字」が潜んでいないか、という見方になるということです。

　たとえば、帳簿上の製品在庫が10億円だった場合、決算月の製造・販売状況はどうだったのか、ということを調べる必要があります。回転期間が２か月程度であれば、決算月から遡って２〜３か月分の状況を確認できればよいでしょう。ここで考えられるのは、決算月に非常に売上が伸びて製品在庫

101

第2章 勘定科目はこう見る！

が減ったか、もしくは製造を控えたかということです。また製品の期末評価時に評価減を行っている可能性もあります。一方、帳簿上の製品在庫が30億円だった場合、考えられるのは、先ほどとは逆に売上の減少や製造過剰ということです。

　いずれの場合もこのような事実関係が存在しなければ、何か特殊な事情があるかもしれません。一番に気を付けなければならないのは、期末製品を過大計上して売上原価を多く費用から戻すことによる利益捻出です。製品の実地棚卸により確認された残高が20億円であるにもかかわらず、これを30億円として計上することで、売上原価が10億円減少します。これはまさに粉飾決算です（図表2-11）。

図表2-11　期末在庫を増やすと利益が増える！

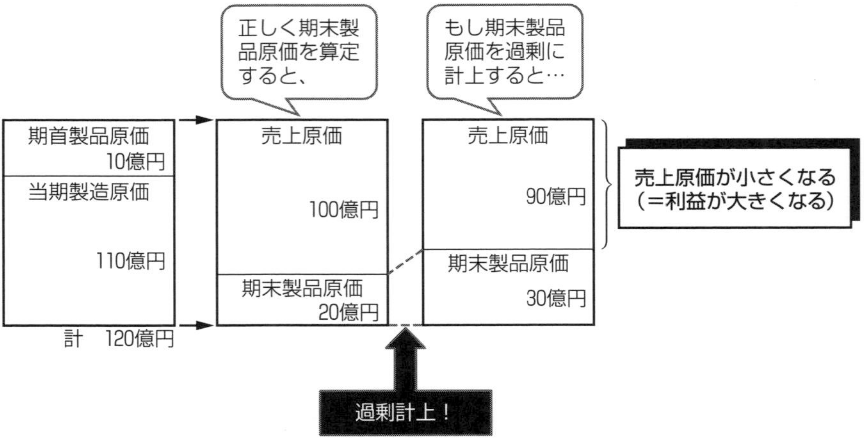

102

6 これを見れば会社の管理レベルがわかる

③ 在庫の過大計上例 —— 架空在庫

　ある会社で棚卸資産の残高が著しく増加しました。増えた棚卸資産の内容、金額から判断して、これまでの倉庫では保管しきれないことが予想されました。しかし、実際には外部倉庫を借りたという話はありません。また、有形の棚卸資産については、火災保険などを付保するのが一般的と考えられますが、増加分に対応した部分は付保されていません。こうした事実から、棚卸資産の実在性に疑義が出てきました。結局、詳細検討したところ、一部架空在庫の計上が認められました。

　このように「存在しない棚卸資産については、倉庫を用意する必要もないし、付保することもできない」という当たり前の観点から帳簿上の棚卸資産の残高を読むと、「おかしな数字」を探し出すきっかけを得ることができます。

④ あわせて、滞留在庫に気を付ける —— 評価損計上の要否

　次に気を付けなければならないのは、製品が滞留していないかということです。帳簿上の製品在庫が30億円だった場合、売上が減少して期末在庫が10億円増えたということであれば、当該製品の正味売却価額は下落している可能性があります。下落している場合は、評価損を計上しなければなりません。

　ある会社では、毎月平均的に製品在庫を保有していましたが、期末において通常月より1.5倍ほどの在庫量になっていたことがありました。担当者の説明では、「今後販売増が見込まれるため、在庫量が多くなっているんです」とのこと。であれば、翌期の利益計画では、その製品の販売高が伸びた形で作成されているはずです。そこで、私は利益計画と担当者の説明の整合性を確認することにしました。すると、その製品はあくまで前期と同水準の販売を予想しているにすぎないことがわかり、社長に対し事実関係を詳細にヒア

103

リングしたところ、「その製品の販売が最近落ちてきており、利益が出ない形で販売し、売上高を維持したいと考えています」ということでした。

結局は、その製品の評価減までは必要ありませんでしたが、売上高が増加しない状態で棚卸資産の回転期間が延びたときには、評価減の要否に気を付けなければなりません。

なお、この回転期間を使用するにあたっては、いくつか留意すべき点があります。たとえば、回転期間分析は、大量生産品・標準品についてはなじみますが、受注生産で多品種・少量品を扱っているような場合にはなじみません。受注状況によって保有すべき在庫量が変動するため、基準となる回転期間が定まらないためです。

POINT

① 棚卸資産は、実地棚卸による実際の数量と継続記録上の数量との不一致原因をどこまで把握しているかで、在庫管理レベルがわかる。

② 棚卸資産の継続記録（在庫の受払管理簿）上、滞留在庫がどれだけあるか把握し、棚卸資産の評価が適切に実施されているかどうかを確認する。特に仕掛品の滞留には注意する。

③ 適正な在庫数量をあらかじめ把握しておくと、実際の在庫数量との差異に気を付けることによって、棚卸資産に含まれる「おかしな数字」を発見する手掛かりとなる。

CASE STUDY

実地棚卸差異分析表の「おかしな数字」〜本当に問題がないのか?

Q 以下の実地棚卸差異分析表の「差異」の合計 (−291) を見て、棚卸管理に問題ないと判断することに問題はありませんか。

【実地棚卸差異分析表】

製品コード 製品名	繰越残数	入荷数量	出荷数量	現品残数	実際有高	差異	コメント
10001 A製品	12	323	312	23	23	0	
10002 B製品	344	21	0	365	364	−1	1個出庫処理漏れ
10003 C製品	75	54	70	59	59	0	
⋮	⋮	⋮	⋮	⋮	⋮	⋮	
計	3,122,992	424,242	467,543	3,079,691	3,079,400	−291	

A 差異を合計で判断することは適切ではありません。

　差異には、プラスとマイナスがあります。もし多額のプラスの差異とマイナスの差異が発生している場合、たまたま相殺されて差異合計では少なくなることもあります。

　したがって、差異の発生状況を把握するためには、合計ではなく全体を通して確認する必要があり、絶対値で判断する必要があります。そもそも、棚卸資産を数える時の単位は、個数もあれば、重量や長さなど様々です。それを合計しても値としてはまったく意味をなさないことは、言うまでもありません。

棚卸資産年齢表の「おかしな数字」～年齢表の前期比較

 以下の棚卸資産年齢表を見て、「おかしな数字」を指摘してみてください。

【棚卸資産年齢表】

〈前期末〉　　　　　　　　　　　　　　　　　　　　　　　　　　　　　　（単位：円）

製品コード 製品名	6か月以下	6か月超	1年超	2年超	3年超	4年超	5年超	計
10001 A製品	5,500,000	4,500,000						10,000,000
10002 B製品	350,000	450,000	700,000	1,800,000	1,500,000			4,800,000
10003 C製品	500,000							500,000
⋮	⋮	⋮	⋮	⋮	⋮	⋮	⋮	⋮
計	311,000,000	28,340,000	1,500,000	2,500,000	1,500,000	0	0	344,840,000

〈当期末〉　　　　　　　　　　　　　　　　　　　　　　　　　　　　　　（単位：円）

製品コード 製品名	6か月以下	6か月超	1年超	2年超	3年超	4年超	5年超	計
10001 A製品			10,000,000					10,000,000
10002 B製品	200,000	200,000	500,000	800,000	1,800,000	1,500,000		5,000,000
10003 C製品	450,000							450,000
⋮	⋮	⋮	⋮	⋮	⋮	⋮	⋮	⋮
計	284,000,000	15,300,000	25,423,000	1,500,000	1,800,000	1,500,000	0	329,523,000

次のポイントに気を付ける必要があります。

① 販売実績のないA製品

　　A製品は、前期末の6か月以下と6か月超滞留分が、当期末にそのまま1年超の滞留分となっていることからもわかるように、ここ1年全く販売実績がありません。6か月以下の残高が0であるため、製造もストップしているように読めます。将来の販売可能性に十分注意する必要があります。販売可能性が低いということであれば、収益性の低下に基づく簿価の切下げを行う必要があります。

② 滞留データが整合しないB製品

　B製品について、当期末の2年超滞留分800,000円に対し、前期末の1年超滞留分700,000円となっており、滞留データが整合していません。なぜ当期末の2年超の滞留分が100,000円増加したのでしょうか。前期末データが間違っているのか、それとも当期末データが間違っているのか、はたまた共に間違いなのか、いずれにしてもこの年齢表は信ずるに値する資料といえない可能性が高まります。

　また、B製品は、前期末の6か月以下と6か月超滞留分の合計800,000円に対し、当期末の1年超滞留分が500,000円なので、うち300,000円分は販売されたと読むことができますが、なぜ滞留期間の長いものから先に販売しないのでしょうか。古くなって販売できないということであれば、2年超滞留分は全額簿価の切下げを行わなければ、これもまた会社判断と会計処理が整合しないということになってしまいます。

107

7 どのように費用化していくか
有形固定資産

 有形固定資産の管理

　有形固定資産とは、建物や建物附属設備、構築物、機械装置、車両運搬具、工具器具備品、建設仮勘定をいいます。会社はこれらの資産を使用することによって、収益を獲得することになります。では、会社はこの有形固定資産をどのように管理すればよいのでしょうか。

　一般的には、資産番号の入ったプレートやシールを利用した管理が行われます。たとえば、購入した機械を管理するために、勘定科目、管理部署、設置場所、担当者、購入順等を示した資産番号シールを発行し、それぞれの機械に貼付します。そしてこの資産番号ごとに固定資産台帳に記録します。そしてこの機械を除却する際には、この資産番号シールを当該機械から剥がして除却（廃棄）申請書に貼付し、承認を受けたのち実際に除却・廃棄することになります。したがって、会社内・工場内を見渡したとき、この資産番号シールのついていない有形固定資産があれば、それは固定資産台帳に載っていない、また帳簿上にない簿外資産と考えられます。ただし、資産番号シールの貼付がなじまない、建物や建物附属設備、構築物、また帳簿上資産計上しない一括償却資産や少額資産のような場合は、資産番号シールを貼付していないのが一般的です。

　また有形固定資産についてもその実在性を確認するために実査を行います。固定資産台帳に記録される固定資産が実際に存在しているかどうか、現物に当たっていくという手続です。一般的に工具器具備品等については、動かしやすいということもあり、紛失している可能性もありますので、注意が必要です。

2 減価償却費を決定する要素

　有形固定資産（無形も含む）は管理簿である固定資産台帳に記録されます。この記録に基づき、減価償却資産について減価償却を行います。減価償却によって決まる費用、すなわち減価償却費は、償却方法、耐用年数、残存価額によって決定します。償却方法には、定率法、定額法、生産高比例法、級数法などがありますが、一般的には定率法と定額法が採用されていることが多いかと思います。
　定率法とは、簿価に一定率を乗じて減価償却費を計算する方法です。一方、定額法とは、取得価額から残存価額を控除した残額を耐用年数にわたって均等に定額を減価償却費とするものです。この定率法と定額法では、各年度に計上される減価償却費は異なり、当初は定率法のほうが減価償却費は大き

第2章 勘定科目はこう見る！

いですが、徐々に逓減していきます。しかし、どちらの償却方法であっても耐用年数にわたって計上される減価償却費の最終的な合計は同じになります。

とはいえ、ある会計期間に減価償却費がいくら計上されるのか、ということは大変重要です。このとき、特に留意する必要があるのは、償却開始日と耐用年数です。

① 留意すべき要素① —— 償却開始日

償却開始日とはいつでしょうか。法人税法上は「事業の用に供した日」となっています。会計上もこの考え方を踏襲しています。間違いやすいのは、取得日を償却開始としてしまうことです。たとえば、機械の取得プロセスを考えてみると、機械の納品→検収→設置→動作確認→試運転→稼働、という流れをとるのが一般的です。ここで「事業の用に供した日」というのは「稼働した日」と考えられます。では、固定資産台帳に記載されるのは、すなわち固定資産として計上されるのはいつでしょうか。あくまで固定資産台帳に記載されるのは、「取得」したときであり上記の流れでいうと「検収」時点になると考えられます。一部の固定資産管理システムでは、取得日（計上日）と稼働日を区別せず、取得日から償却計算を始めるものがありますが、正確にはこれらは区別する必要があります。ただし、取得日と稼働日がほぼ同時と考えられるような場合は、取得日で償却計算を開始するということも許容されるでしょう。

実務上問題となるのは、たとえば3月決算の会社で、3月31日に機械を取得したが、未稼働であるというケースです。法人税法上、3月31日が稼働日であれば3月度の1か月分を減価償却費として計上することができます。しかし3月31日時点で未稼働であれば、機械として貸借対照表に計上されますが、損益計算書に減価償却費は計上できません。したがって、取得

が直ちに稼働とならないような固定資産の場合、稼働の事実の有無を確認するものとして、「稼働報告書」などの社内文書を準備することが重要です。

② 留意すべき要素② —— 耐用年数

　次は耐用年数です。耐用年数とは、減価償却資産の使用可能と考えられる年数をいい、「減価償却資産の耐用年数等に関する省令」で定められたものを法定耐用年数、経済的に使用可能と予測されるものを経済的耐用年数といいます。会計上採用される耐用年数は経済的耐用年数です。しかし、実務においては経済的に使用可能と予測することが難しいケースが多いため、法定耐用年数をもって経済的耐用年数と考えることも少なくありません。耐用年数を何年とするかについては、会社の会計期間の損益に影響することもあり大変重要です。

　法定耐用年数を利用する場合、減価償却資産の勘定科目ごとに耐用年数が決められた「耐用年数別表」を利用します。ここから正しく該当する耐用年数を選択しているか、ということがポイントとして導きだされます。実務上は、固定資産を取得するたびに耐用年数別表をいちいち調べるのも大変ということもあり、会社として頻繁に取得すると考えられる固定資産については、あらかじめ資産別の耐用年数を表にして準備しておくのがよいでしょう。

③ 減価償却費から「おかしな数字」を見つける

　有形固定資産について、取得価額、減価償却累計額、帳簿価額というデータを決算書などから拾うことができます。有形固定資産の帳簿価額と平均償却率を利用して減価償却費の概算額を算出し、これと決算書に計上される減

第2章 勘定科目はこう見る！

価償却費を比べてみることで、「おかしな数字」が含まれていないかどうか、調べる方法があります。この方法をオーバーオールテストといいます。

① 減価償却費の概算額の算定 —— オーバーオールテスト

定率法を採用している場合、「帳簿価額×償却率」が減価償却費になるため、有形固定資産の帳簿価額に平均償却率を掛けると、減価償却費の概算額が算定されることになります。

定額法を採用している場合、「（取得価額−残存価額）×償却率」が減価償却費になるため、有形固定資産の取得価額から残存価額を控除したものに平均償却率を掛けると、減価償却費の概算額が算定されることになります。

こうした減価償却費の概算額の算定方法ですが、その精度をどこまで求めるのかにより、データの取り方がかわってきます。たとえば、以下のようなデータの取り方が考えられます。

(ア) 定率法や定額法等の償却方法にかかわらず、有形固定資産全体の帳簿価額に平均償却率を掛ける方法

(イ) 建物、建物附属設備、構築物、機械装置、車両運搬具、工具器具備品などの減価償却資産の勘定科目別および償却方法別に、取得価額、帳簿価額、平均償却率を使用する方法

まず(ア)ですが、有形固定資産全体の帳簿価額が100、平均償却率が0.250である場合、有形固定資産全体の減価償却費の概算額は「25」になります。ここで平均償却率に何を使用するかが問題となりますが、当期中に多額の減価償却資産の取得や売却がなければ、前期の償却率（前期の減価償却費／前期末有形固定資産の帳簿価額）を使用するのが適当でしょう。(ア)においては、償却方法を考慮しないため、定額法を採用する減価償却資産が多額に含まれる

112

場合は、概算額が実際の減価償却費と大きくかい離してしまう可能性があります。

そこで、もう少し概算額の精度を上げるため、(イ)の採用を検討します。

(イ)においては、償却方法別にデータを分けます。たとえば、定額法を採用している建物の取得価額を集計し、定率法を採用しているその他の減価償却資産の帳簿価額を集計します。このとき、勘定科目別に集計しておくと、使用する平均償却率も勘定科目別に採用できるため、概算額の精度が高まります。ここでも平均償却率に何を使用するか問題となります。1つは(ア)と同様、前期の実績償却率が考えられます。もう1つは、勘定科目別に集中している耐用年数の償却率を採用することが考えられます。

なお、平成19年度税制改正で、平成19年4月1日以後に取得する減価償却資産については、償却可能限度額および残存価額が廃止されるとともに250%定率法が導入され、耐用年数経過時点で備忘価額（1円）まで償却できるようになりました。また、平成23年度税制改正では、平成24年4月1日以後に取得した減価償却資産の定率法の償却率が、250%定率法から200%定率法へと改正されました。

税法に従った減価償却が実施されている場合には、減価償却費の概算額の精度をもっと上げようと思えば、こうした税制改正の影響も考慮することが必要になります。

② オーバーオールテストの注意点 —— 期中取得と売却時の補正

減価償却費のオーバーオールテストにおいて注意しなければならない点は、期中の取得や売却があった場合、どのようにこれらを補正するかということです。数多く取得や売却がある場合、期央（3月決算の会社であれば9月末）に取得や売却があったとみなして補正します。たとえば、新規に合計で

第2章 勘定科目はこう見る！

100 の減価償却資産を取得した場合、すべて期央に取得したとみなして、

定率法採用においては、

$$\left(期首帳簿価額＋100\times\frac{6}{12}\right)\times償却率$$

定額法採用においては、

$$\left\{(期首取得価額－残存価額)＋(100－残存価額)\times\frac{6}{12}\right\}\times償却率$$

となります。

また、期中に合計で取得価額 100、帳簿価額 40 の減価償却資産を売却した場合、すべて期央に売却したとみなして、

定率法採用においては、

$$\left\{期首帳簿価額－\left(帳簿価額 40\times\frac{6}{12}\right)\right\}\times償却率$$

定額法採用においては、

$$\left\{(期首取得価額－残存価額)－(100－残存価額)\times\frac{6}{12}\right\}\times償却率$$

となります。

③ 発見された問題点の事例 —— 減価償却費未計上

　私がある会社で、減価償却費のオーバーオールテストを実施したとき、概算値と実績値に差異が多額に発生しました。概算値のほうが大きくなったのです。これは減価償却費の過少計上が疑われることを意味します。そこで、減価償却費が過少になる原因を探りました。過少ということは、期中売却もしくは廃棄が多額にあったことが推測されます。しかし差異を説明するのに十分な売却等は確認できませんでした。そこで、採用した平均償却率を再検

討しました。ここでは、前期の実績償却率を採用しましたが、当期に新規取得した減価償却資産はほとんどなく、当期も前期とかわらない償却率であることが推定されました。

いよいよ原因がわからなくなったので、固定資産台帳を1枚ずつレビューしてみることにしました。すると、減価償却費が計上されていない物件が多数あることに気付きました。つまり、耐用年数に達している物件が多かったということです。話はここで終わりません。では、この耐用年数に達した有形固定資産はどのような状態で存在しているのでしょうか。普通に考えると、耐用年数に達しているわけですから、使えない状態になっているのではないかという懸念があります。担当者に確認したところ、「使っていないものが多数あります」とのことでした。すると、耐用年数に達している有形固定資産の残存価額がいくらあるかが問題となります。

当時の税法においては、減価償却資産の残存価額は取得原価の5%です。もし、耐用年数に達している有形固定資産を使っていないということであれば、除却処理してこの残存価額分を貯蔵品として表示しなければなりません。また、この貯蔵品の資産性が本当にあるのかという点については疑問があります。つまり、この貯蔵品は本来廃棄すべきものではないかということです。資産性のない貯蔵品が廃棄されず計上されていては、決算書に「おかしな数字」が含まれていることになります。

結局、担当者とこれらの有形固定資産につき、1つひとつ確認したところ、その所在が不明であるものが多数あることがわかりました。

建設仮勘定には気を付けよう

　建設仮勘定とは、有形固定資産で事業の用に供するものを建設した場合における支出および当該建設の目的のために充当した材料をいいます。また、設備の建設のために支出した手付金もしくは前渡金、または設備の建設のために取得した機械等で保管中のものも、建設仮勘定に含まれます。

　建設仮勘定は建設業者に支払った前渡金や、建設途中であり当然ながら未稼働となっている建物や機械装置などを対象としているため、減価償却資産ではありません。まだ事業の用に供していないため、減価償却が行われないためです（土地のような非償却性資産は除きます）。この建設仮勘定が長期に滞留していないか、以下の2つの点に注意する必要があります。

　1つは、完成後に振替えられるべき本勘定への振替え漏れがないかという点と、もう1つは建設仮勘定の資産性に問題がないかという点です。

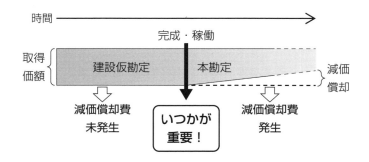

① 建設仮勘定を本勘定に振替え忘れていないか？──稼働報告書の重要性

　本勘定への振替え漏れは、たとえば、現場から経理部に対し、減価償却資産の稼働報告が失念されていたということで起こるケースが多いですが、減

価償却費の計上を遅らせたいため、あえて建設仮勘定のままにしているということも考えられます（これは不正です）。いずれのケースにせよ、現場から減価償却資産が稼働したという情報が漏れなく経理に伝わる体制・仕組みが存在しているかという点が非常に重要です。

② 建設仮勘定に資産性はあるか？ ── 建設仮勘定の滞留状況のチェック

たとえば、自社で機械装置を製作して事業の用に供することが計画されてはいるが、何らかの原因で製作が中断している場合、建設仮勘定として会計処理されたその製作に要した材料、社内工数（労務費）について資産性はあるといえるでしょうか。

当然に製作が中断した理由が重要になります。将来、機械装置が完成し事業の用に供することができ、かつ設備投資に見合うだけの収益が見込めるのであれば、その資産性に問題はないといえるでしょう。しかし、機械装置自体完成の目処が立たないような状況であれば、もはや当該建設仮勘定に資産性はありません。除却・廃棄処理が適当と考えられます。

もし、機械装置は完成するが、十分な性能を発揮することが見込めず、十分な収益が期待できないような状況であればどうでしょうか。この場合は、固定資産の減損会計が適用され、建設仮勘定の減損処理ということになります。

③ 建設の進捗管理が重要 ── 計画・予算との比較

これらを踏まえたうえで、建設仮勘定に含まれる「おかしな数字」の探し方を考えてみます。建設仮勘定は最終的にいくらの金額で、いつ本勘定に振替わるか、という計画が存在するはずです。この計画と比較し、残高が動いていないか、完成が遅延していないか、予算をオーバーしていないか、とい

117

第2章 勘定科目はこう見る！

う観点で建設仮勘定を見ると、上記のような問題に気付くことになります。

　ある会社で、新工場建設が計画されていました。計画によると、部分的に完成した製造ラインから稼働させるということになっていました。最初に完成する製造ラインは、当期中に稼働する計画になっていましたが、決算においてこの製造ラインにかかる機械装置等について、建設仮勘定から機械装置勘定へ振替えられておらず、減価償却費も計上されていませんでした。調べてみると、やはり計画通り工事は進んでおり、最初の製造ラインは完成し、既に稼働していました。単に経理部への稼働報告が失念され、建設仮勘定から本勘定への振替え漏れが起こってしまったということでした。

　このほかにも、計画された金額を大きく上回って建設仮勘定が計上され、調べてみるとその工事に関係ない費用まで建設仮勘定に含めて計上されていたり、棚卸資産として計上されているものが、建設仮勘定に振替えられていたり、ということもあるため、この勘定は十分に注意する必要があります。

POINT

① 　有形固定資産の減価償却費を決定する要素のうち、償却開始日と耐用年数には特に気を付ける。

② 　減価償却費に「おかしな数字」が含まれていないか、オーバーオールテストを実施してみることで調べることができる。

③ 　建設仮勘定の内容には十分気を付ける。特に、いつ、いくらが本勘定に振替えられることになっているかという視点でチェックするとよい。

118

CASE STUDY

固定資産増減明細表の「おかしな数字」〜建設仮勘定の減少

以下の有形固定資産明細表を見て、「おかしな数字」を指摘してみてください。

【有形固定資産明細表】

(単位：千円)

資産の種類	当期首残高(a)	当期増加額(b)	当期減少額(c)	当期末残高(d)=(a)+(b)-(c)	減価償却累計額(e)	当期償却額(f)	当期末残高(g)=(d)-(e)
建物	5,883	3,575	4,615	4,843	133	993	4,710
工具、器具及び備品	12,746	4,025	6,480	10,291	5,716	1,780	4,575
建設仮勘定	8,700	—	8,700	—	—	—	—
計	27,329	7,600	19,795	15,134	5,849	2,773	9,285

A 建設仮勘定の当期減少額8,700千円と本勘定の当期増加額7,600千円

　建設仮勘定は、将来、本勘定である有形固定資産（たとえば建物勘定や工具器具備品勘定）に振替えられる勘定です。したがって、建設仮勘定の当期減少額8,700千円は全額建物勘定か工具器具備品勘定に振替えられるはずです。差額1,100千円がどの勘定科目に振替えられたのか、この明細表からはわかりません。

　特に留意しなければならないのは、資産勘定ではなく費用勘定に振替えられていないかという点です。もし、修繕費などの費用勘定に振替えられているとすれば、前期末の建設仮勘定に、資産性のない費用が含まれていたことになり、前期の決算が利益過大であったということになります。

見えない資産を
どうやって管理しているのか

8

無形固定資産

1 無形固定資産の管理

　無形固定資産とは、特許権、借地権、地上権、商標権、実用新案権、意匠権、鉱業権、漁業権、入漁権などの法律上の権利や、経済上の優位性を示すのれんというものがあります。加えてソフトウェア（リース資産も含む）も無形固定資産として取り扱われます。これら無形固定資産は、その名の通りそのもの自体の形が存在しないため、書類でその実在性を管理することになります。すなわち、有形固定資産とは異なり、現物にあたって実在性を管理する、確認するということができない点に特徴があるといえるでしょう。一般的には、リストとその計上の裏付けとなる資料で管理することになります。

　無形固定資産も有形固定資産と同様、まずその資産性が問題となります。本当にその価額で計上してよいかという点がそれで、実務上特に留意すべきは、ソフトウェアとのれんになります。ほかの無形固定資産は、一般的に日本においては多額に計上されていることは少ないと考えられます。たとえば特許権ですが、通常、登録のための手数料相当分しか計上されていません。イメージとしては、特許権のもつ価値そのものを評価して貸借対照表に計上しているような感じがしますが、実際には、他社から購入した特許以外では、その経済価値を反映しておらず、もともと過少に計上されているものと

120

いえるかもしれません。

したがって以下では、ソフトウェアとのれんに焦点を当てて見てみましょう。

2 ソフトウェアの管理

　無形固定資産として計上されるソフトウェアには、自社利用のソフトウェアと市場販売目的のソフトウェアがあります。自社利用目的ソフトウェアは、管理部門や製造部門で使用するソフトウェアであり、ソフトウェアを利用することにより、将来の収益獲得または費用削減が確実であるかどうかで資産性を判断します。

　市場販売目的のソフトウェアは、製品マスターがそれであり、その償却費は、直接売上原価に計上されます。

　私がある会社の監査で自社利用のソフトウェアの一覧をレビューしていたときのことです。ある管理システムのソフトウェアで Ver. 2.0 というもの

図表2-12　ソフトウェア制作費の区分

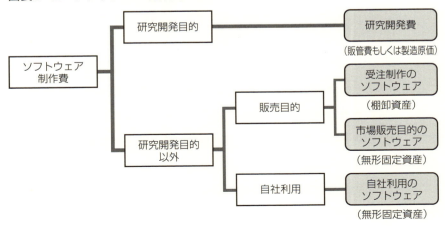

と、Ver.5.0というのがともに無形固定資産として計上されていました。そこで会社の担当者に「同じ管理システムのソフトウェアが2つ計上されていますが、古いほう（Ver.2.0）も現在利用されているのですか？」と質問したところ、「Ver.2.0は使用していません。すでにVer.5.0に移行していますので」との回答でした。すると、無形固定資産として計上されていたVer.2.0の未償却残高に資産性はあるのかどうかが問題となります。本来であれば、新しいヴァージョンのソフトウェアを購入し利用し始めたのであれば、古いヴァージョンのソフトウェアは廃棄処理すべきです。

また同様のケースとして、システムのソフトウェアの名前は違いますが、従来の機能に新たな機能が付加された別名のソフトウェアを使用している場合も、前回使用していた古い機能のソフトウェアは不要となりますので、廃棄処理する必要があります。

ここで「おかしな数字」を見つけるための重要なポイントは、自社利用のソフトウェアの一覧を見る際には、そのソフトウェアがどのような機能を有

しているかどうかを知っておくということです。その一覧にソフトウェアの機能の概要が記載されていれば、管理上非常に望ましいということがわかるかと思います。そのような管理が行われていれば、古いヴァージョンがあった場合、「このソフトウェア、利用していたかな？」とおかしいことに気付くはずです。ソフトウェア自体は見えませんが、ソフトウェアの機能や利用状況がわかる資料を確認することで、その計上に「おかしな数字」が含まれていないか、見抜くことができます。

❸ のれんの管理

のれんとは、取得した企業や事業の取得原価が、取得した資産および引受けた負債の純額を超過する額をいいます。また不足する場合は、負ののれんといいます。たとえば、事業譲受を行い、10億円の資産を15億円で取得したとします。このときの5億円はその事業の超過収益力（市場占有力、ブランドイメージ、顧客などそれぞれを金額換算できないもの）を取得したと考えます。これがのれんです。こののれんは個別の財務諸表に計上されることになります。また、資産が100億円、負債が90億円の会社を20億円で取得したとします。

すると、純資産10億円（＝100億円－90億円）の会社を20億円で取得しているため、10億円高く取得したことになります。これは、当該株式を取得した会社の個別財務諸表では、投資有価証券（子会社もしくは関連会社の場合は関係会社株式）20億円として計上されるのみですが、連結財務諸表では、のれん10億円として計上されることとなります。

このようなのれんは、20年以内のその効果のおよぶ期間にわたって、原則として定額法により規則的に償却します。また、のれんも減損会計の対象になるため、のれんに減損の兆候がないかどうか、留意する必要があります。

第2章　勘定科目はこう見る！

このとのれんの減損について、特に連結財務諸表で気を付ける点があります。

私がA社の連結財務諸表を監査していたときのことです。A社の連結子会社Bの業績が悪化し、純資産がB社株式取得時の半分以下になってしまいました。B社は上場していませんので、A社は実質価額で子会社株式の減損要否を判断することになります。結局、取得価額が実質価額の半分以下になったため、減損処理することになりました。

ここでふと気付いたのが、A社はB社を取得するとき、B社の純資産以上の金額を支払っているため、連結上のれんが計上されていたことです。もともとB社の超過収益力を見込んで高めに取得したにもかかわらず、今B社株式を減損処理することになってしまったということは、当初の見込まれた超過収益力すなわちのれんの資産性は失われているのではないか、ということになります。見ると連結上ののれん未償却残高が多額に残っていました。連結上、このとのれんの未償却残高全額を減損処理し、特別損失に計上しなければなりません。A社は単体決算上では正しくB社株式を評価していましたが、連結上に「おかしな数字」が含まれていることが発見されました。

POINT

① 無形固定資産では、特にソフトウェアとのれんに注目する。

② ソフトウェアの一覧を見る際には、既に新しい機能のソフトウェアに置き換わっているものがないか、という視点をもつ必要がある。

③ のれんは、特に連結決算での取扱いに留意する。

CASE STUDY

減価償却明細の「おかしな数字」〜使用されていないソフトウェア?

以下の無形資産償却明細を見て、「おかしな数字」を指摘してみてください。

【無形固定資産償却明細】

資産番号	品名	部門名称	勘定科目名称	耐用年数
S0001	素材管理システム	技術部	ソフトウェア	5
S0003	監視システム	A工場	ソフトウェア	5
S0005	バーコードシステムソフト改造作業	A工場	ソフトウェア	5
S0006	予備品管理CSデータベース	A工場	ソフトウェア	5
S0007	標準書類作成システム改修	技術部	ソフトウェア	5
S0008	設計支援ソフトウエア	技術部	ソフトウェア	5
S0009	生産管理システム Ver.1	A工場	ソフトウェア	5
S0010	製品検査記録ソフトウェア	B工場	ソフトウェア	5
S0012	就業管理システム統合	総務部	ソフトウェア	5
S0014	画像解析ソフト WRF-SOFT 他	技術部	ソフトウェア	5
S0015	生産管理システム Ver.2	B工場	ソフトウェア	5
S0016	設計支援ソフトウェアプログラム機能障害対応作業	B工場	ソフトウェア	5

正確には「おかしな数字」は存在していませんが、「おかしな数字」の存在を背景に感じさせる、次のポイントに気を付ける必要があります。

① 「生産管理システムVer.1」

生産管理システムVer.1は現在も使用されているのでしょうか。生産管理システ

ムVer.2が計上されています。もし、生産管理システムVer.1にVer.2が上乗せされて利用されているようなシステムであれば、両バージョンが計上されたままということが考えられます。生産管理システムVer.1がすでに利用されていないということであれば、このシステムの簿価分は廃棄処理 (費用処理)する必要があります。

②　「予備品管理CSデータベース」

　会計上、ソフトウェアとは、コンピュータを機能させるように指令を組み合わせて表現したプログラム等をいい、コンピュータに一定の仕事を行わせるためのプログラムや、システム仕様書、フローチャート等の関連文書が該当します。一方、コンテンツとは、その処理対象となる情報の内容をいい、データベースソフトウェアが処理対象とするデータや、映像・音楽ソフトウェアが処理対象とする画像・音楽データ等が該当します。ソフトウェアとコンテンツとは別個の経済価値を持つものであることから、会計上、原則的には別のものとして取扱うことになっています。

　データベースは、コンテンツに該当すると考えられるため、「研究開発費及びソフトウェアの会計処理に関する実務指針」に従った会計処理ではなく、そのデータベースの性格 (情報料、手数料、著作権、使用権など)に応じて関連する会計処理慣行に準じて処理すべきものと考えられます。

③　「設計支援ソフトウェアプログラム機能障害対応作業」

　設計支援ソフトウェアのプログラム上の障害を除去するための作業であれば、ソフトウェアではなく修繕費として処理する必要があります。したがって、無形固定資産償却明細上の簿価は「おかしな数字」ということです。

　もし、プログラム上新たな機能を追加したり、機能を向上させたりするなどの費用であれば、資本的支出に該当しソフトウェアの取得価額として処理することになります。

9 中身の見えない勘定に気を付ける
その他資産

 1 仮勘定の管理

　その他資産にも、さまざまな勘定科目が存在します。前渡金、前払費用、未収収益、短期貸付金、未収入金、仮払金などです。このうち、特に留意すべきは仮勘定と呼ばれるものです。仮勘定には、仮払金のほかに仮受金や現金過不足などがあります。仮勘定は、正しい勘定科目や金額が判明した時点で正しい勘定科目に振替えますが、判明しない場合はそのまま残ることもあります。「仮」であるがゆえに、実務上内容が明確でないものが含まれることが多いため、留意する必要があるのです。特に仮勘定のなかでも仮払金は、資産として計上されていながら、その資産性に疑義があるようなケースもあることから、留意しなければなりません。

　仮払金が使用される取引として、役員・従業員の出張に関するものがあります。たとえば、Aさんが出張する際、経理部から現金5万円をAさんに渡す、という取引を考えます。経理部では、

（借）仮　払　金　50,000	（貸）小　口　現　金　50,000

という仕訳が起票されます。Aさんが出張から帰ってきて旅費を精算した結果、5万円の使用明細は、交通費3万円、交際費1万円であり、残りの1万

127

円が経理部に返却されたとします。すると、経理部では、

（借）	小 口 現 金	10,000		（貸）	仮 払 金	50,000
	旅 費 交 通 費	30,000				
	交 際 費	10,000				

という仕訳が起票されます。経理部としては、先にAさんに渡した5万円の使途が明確になるまでは、勘定科目を決定できないということで、仮払金勘定を使用して仕訳を起こしたのです。

　ここで仮払金の管理上重要な点は、仮払先であるAさんから、仮払いした資金の使用明細をキチンと入手するということです。つまり、仮払精算手続を適宜行うことが管理上非常に重要になるのです。会社によっては、旅費の仮払精算は出張から帰ってから5営業日以内に行う、という内規を定めているところもあります。

【仮払金内規の例】

第○条　出張または転勤に伴う旅費の前受けを必要とする場合、あらかじめ担当部長の承認を受けて経理部より支出し、出張または転勤が完了したら速やかに「旅費精算書」を添えて精算すること。
第○条　仮払の精算は、原則として仮払金した日から10日以内とする。
　　2　特殊事情により10日以内に精算できない場合は、担当部長は発生の日から10日を経過した日に「未処理理由書」を経理部長を経て社長に提出し、承認を得るものとする。

　また、経理部側では仮払金台帳で仮払先ごとに仮払発生日、仮払依頼者、仮払（支払）先、発生理由および精算予定日などを記載し、仮払状況を管理します。決算の際には、精算予定日を過ぎているにもかかわらず、未精算に

なっている仮払先がないかどうかチェックすることになります。基本的には、決算において未精算の仮払いがないような管理を行うことが必要です。

2 仮払金勘定の使われ方

① あえて本勘定を使わない理由 ── 貸付金の場合

仮払金は出張以外にも使用されることがあります。たとえば、何らかの理由で会社の資金を外部に貸し付けたとします。これを、貸付金勘定で処理することになると、貸付金管理を行い、決算書にも貸付金として表示され、明細書上も金利がいくら、返済日はいつということを明瞭に記載することになります。このような事実があるにもかかわらず、貸付金の存在を知られたくない場合、仮払金で処理しておこうということになるわけです（もちろんこれは不正な処理です）。

また仮払金は将来、本勘定に振替わる場合、経費勘定になるケースが多いため、貸付金と違い現金預金の流入を想像させないということもあります。これは何を意味するかというと、将来、仮払金と同額の現金預金が回収されなくても（つまり費用処理されても）違和感がない、という性質があるということです。

② 長期未精算の仮払金には注意する ── 裏取引の存在

ある会社で、長期にわたり未精算となっていた仮払金がありました。会社規模からすると多額とはいえない金額でしたが、数千万単位でありました。調べると実態はその会社役員Ａ氏に対する貸付金でした。会社としては、

第2章 勘定科目はこう見る！

役員に対する貸付金として外部に見せたくないこと、またＡ氏からの貸付金回収も危ぶまれたことから、回収不能となったときには貸倒れではなく何らかの費用として処理して事実関係をできるだけ表沙汰にならないようにすること、などを考慮して仮払金処理したようです。

しかし、このような開示の仕方は、企業会計上問題があるため、結局は役員に対する貸付金として決算書を修正してもらいました。

③ 費用計上を遅らせるための仮払金 ── 利益操作

また仮払金は、費用計上のタイミングをずらすために使用されることがあります。たとえば、経費として支払いを行ったとします。しかし、その経費を当期の費用として処理すると利益が少なくなってしまいます。そこでこの経費を仮払金として処理し、翌期になってから仮払金を経費に振替えるという手法がとられることがあります。このような利益操作を意図的に行うことはまさに粉飾決算になります。先ほどの出張精算の例で考えてみても、もし仮払精算をわざと遅らせるとどういうことになるでしょうか。本来は旅費交通費という費用になるはずが、仮払精算が遅れると仮払金という資産に計上されたままになり、もちろん費用になりませんので利益が増えている状態になるということです。他のケースでも、モノもしくはサービスの提供は受けているが、その内容（納品書の詳細な明細やサービス内容の明細などが考えられます）が明確になっていない場合、支払いを行っても仮払金処理するということがよくあります。仮払いした金額が僅少であれば、実務上の対応としては許容されてはいますが、仮払金の金額に重要性があれば（損益に与える影響が大きい場合は）、実際にモノやサービスの提供を受けているので、詳細な明細がないといって仮払金のままにしておくのはおかしいということになります。

❸ 仮払金をチェックすることで「おかしな数字」を見つける

① 仮払金精算のルールを確認する ── ルールがなければ問題

　このような仮払金に隠された「おかしな数字」はどのように見つければよいでしょうか。仮払金台帳や仮払金明細を利用し、まずは長期滞留している仮払金はないかどうか確認します。このときの長期滞留の考え方ですが、出張精算であれば、「何日以内に精算」というルールがあるはずですから、この期間を超えて仮払金として残っているものがないかを調べてみます。

　１年以上滞留となるとさすがに異常があるとしか考えられません。１年以上ともなると、その仮払金が何に使われたのか資料がなくなっていることも考えられます。その際は、本当に仮払金のまま資産として計上しておいてよいものかどうか、損失として処理すべきかどうかの検討が必要です。もしこのようなルールがない場合は、会社の仮払金管理の管理体制に問題があるといえるでしょう。

② 手続は経ているか ── 仮払申請手続

　ある会社で長期に滞留となっている仮払金がありました。他の項目と比較して金額的に目立たなかったため、滞留しているという事実に気付かなかったようです。そこで担当者に調べてもらったところ、その仮払理由がわからないということでした。本来、仮払金は仮払いの際に、誰に何の理由で仮払いをしたのか、記録して管理する必要があります。これが行われていない状態で仮払金処理されると、いつ精算すべきだったのかということがわからず、滞留していても気付きにくいということになります。

第2章 勘定科目はこう見る！

このケースでは、通常の仮払手続を経ずに仮払金処理されていた可能性があります。たとえば、販売処理を行ったところ、トラブルが生じ、返金することになった場合、本来であれば返金時に、

（借）	売　　　上　　　高	×××	（貸）	現　金　預　金	×××
	仮　受　消　費　税	×××			
※消費税等は税抜方式を前提					

と処理しなければなりません。しかし、売上を取り消したくないという理由で、

（借）	仮　　　払　　　金	×××	（貸）	現　金　預　金	×××

と会計処理してしまっている可能性も考えられます。これはもちろん誤った会計処理です。ただ、結局このケースでは、調べても仮払理由がわからなかったため、雑損失で費用処理することになりました。

③ 精算前の再度の仮払い ── 横領のケース

また、ある会社を監査したときのことです。その会社は、監査を受けるのが初めてということで、私もその会社の管理レベルを知るために、社長や経理部長からさまざまなヒアリングを行っていました。当然、直近の決算の数字を資料などとあわせて確認する手続も行っていましたが、そのとき気になったのが仮払金でした。

ヒアリングによると、その会社は役員や従業員の海外出張が多く、出張旅費の仮払いが多いとのことでしたが、なぜか経理部長の仮払金が滞留していたのです。仮払金台帳を見ると、仮払精算が終わる前にまた経理部長に対し仮払いがなされていました。さらに疑問だったのが、仮払いの金額の大きさです。海外とはいっても明らかに旅費以上に多額な仮払いが行われていました。

132

9 中身の見えない勘定に気を付ける

　疑問に思った私は、経理部長にこのことについて質問したところ、「ちょっと精算の手続が遅れていまして……」と奥歯に物が挟まったような口ぶりでした。これ以上質問しても進展はないと考えた私は、社長へ確認してみたところ、社長は経理部長への仮払金が滞留している事実を把握していませんでした。決裁権限規程上も経理部長の権限で仮払いできることとなっていたため、社長も関知していなかったようです。

　後日、社長の調査によると、経理部長は個人的に借金を抱えており、その返済にまわすため、自身への仮払いを増やし、タイミングを見計らって精算しようと考えていたそうです。これはまさに横領であり、会計処理の問題だけに終わりません。結局、刑事事件にはならなかったものの、経理部長は解雇されました。

　このように仮払金を滞留という観点から見ていくだけでも、「おかしな数字」を見抜くことができます。さらには、「おかしな数字」だけでなく、会社の管理上の問題点も発見することも多いため、以上のような観点からのチェックは有用といえます。

POINT

① 仮勘定といわれる仮払金や仮受金には、その内容が不明確なものが含まれる可能性が比較的高いため、支出内容に留意する必要がある。

② 精算が長く行われていない仮払金については、特に注意する。その背景には不正行為が関係していることもある。

CASE STUDY

仮払金明細の「おかしな数字」～内容は何?

以下の仮払金明細を見て、「おかしな数字」を指摘してみてください。

【仮払金明細】

(単位：円)

内訳	金額
山田太郎　出張旅費	20,000
鈴木次郎　出張旅費	20,000
佐藤三郎	50,000
田中一郎　Ａ社接待交際費	100,000
(株)高橋興業	1,000,000
計	1,190,000

次のポイントに気を付ける必要があります。

① 佐藤三郎への仮払金　50,000円

　佐藤三郎への仮払金の内容について、記録がありません。貸付金の可能性を疑いましょう。貸付金であれば、一般的には社内の従業員貸付金規程に則って手続が実施される必要があり、返済期日や金利はどうなっているか、返済計画はどうなっているかなどを確認する必要があります。佐藤三郎が役員である場合には、利益相反取引に該当する可能性もあるので、特に注意しましょう。

　社内規程に基づかない仮払の事実があったときは、業務上横領の発生にもつながることがありますので、注意が必要です。

② (株)高橋興業への仮払金　1,000,000円

　(株)高橋興業への仮払金の内容について、もし通常の購買取引に関連する前払いであれば、前渡金として処理されるはずです。仮払金で処理されているということは、その内容を明らかにしたくない意図を感じます。同社に対し根拠のない支払いがなされていないかどうか、確認する必要があります。

10 漏れがないことをどのように確認するか
仕入債務

 仕入債務の管理

　仕入債務には、支払手形や買掛金があります。買掛金は、事業目的のための営業活動において経常的にまたは短期的に循環して発生する取引に基づいて発生した「営業上の未払金」をいいます。通常の未払金との違いはあるものの、管理上は同様の取扱いでよいと考えても結構です。支払手形は支払手形台帳、買掛金は買掛金台帳で管理されます。

　こうした仕入債務についても、残高が正しいかどうかという管理が重要です。したがって、売上債権と同様、仕入先に対して残高確認書を送付するという確認方法が有効です。しかし、売上債権と違う点は、当たり前ですが、仕入債務は負債であるということです。資産の場合、「本当に資産が実在するのか」という点が非常に重要でした。たとえば売上債権であれば、本当に売上債権が実在しているのか、将来、貸借対照表に計上している分の入金が見込まれるのか、ということです。

　一方、負債の場合、「貸借対照表に計上されていない負債はないか」「網羅的に負債が認識されているか」という点が非常に重要です。たとえば、仕入債務であれば、貸借対照表に計上されているもの以外に仕入債務はないか、ということです。

決算書を読む場合の読み違いのリスクを考えてみると、実際よりも多くの利益が計上されていた場合のほうが問題は深刻です。資産については、もしその資産が実在しないようであれば、その資産を取り消して損失として処理しなければなりません。そうすると当然利益が減ることになります。ところが資産が網羅的に計上されていなかったとしても、追加で資産を認識し計上することになるだけで、利益が計上されることになります。ですので、資産は実在性のほうが網羅性より重視されるのです。

　一方、負債については、もし計上されている負債以外に負債が存在しているということになれば、追加で負債を認識し計上することになるため、損失が計上されることになります。しかし、負債が実在しないようなことがあっても、負債を取り消して利益が認識されるだけです。したがって、負債は網羅性のほうが実在性より重視されるのです。

　仕入債務を管理する上で、その残高が正しいのかという視点はもちろん重要です。しかし、それに加えて留意しなければならないのは、仕入債務が漏れなく計上されているのかどうかという網羅性の観点です。それにはまず、当然ですが、仕入が漏れなく計上される仕組みが必要になります。

2　仕入が計上されるタイミングとは

　モノやサービスの提供を受けて仕入計上しなければならないことは十分理解できるかと思います。しかし、具体的にどのような行為がなされたら、仕入計上されるのかについては、会社として十分理解されていないことが少なくありません。

　たとえば、モノを仕入れるとき、一般的に次のようなステップをとることが考えられます。

【モノの仕入手順】

項目	①納品・入荷	②検 品	③入 庫	④検 収
説明	会社・工場に注文したモノが届くこと。	注文通りのモノが届いたかどうか、内容・数量を確認すること。	倉庫に入れること。	入庫したモノが注文通りの性能等を有しているかどうか確認すること。

※会社によって、定義の仕方が多少異なることもあります。

　では、上表のどのタイミングで仕入は処理されることになっているのでしょうか。通常、④検収が終了した後、仕入システム上「仕入」として登録され、会計上も仕入処理されるケースが多いと思われます。もちろん、購入する商品等によっては、④の検収作業がほとんど必要ないため、③入庫作業をもって仕入処理されるケースもあります。

　いずれにしても、どのような作業が終了した時点で、仕入処理されているのかを把握しておくことは仕入債務の認識時点を理解する上で非常に重要です。

3 検収作業の網羅性を確認する

　検収作業が漏れなく実施されているかを確認することが、仕入債務を漏れなく計上することにつながります。となると、漏れなく検収作業が行われていることを確認するにはどのようにすればよいでしょうか。ここでは、仕入システムからアウトプットされるであろうデータをもとに管理することを考えてみます。

　一般的にモノやサービスを仕入れる場合、発注書を仕入先に送ることから始まります。通常取引量が多いため、システムを利用して発注データを管理します。システムにおいては、「いつ」「誰が」「何を」「どこに」発注したのか、などについての発注データが管理されることになります。そしてモノ・

137

サービスが提供され検収作業が終了した際には、この発注データをもとに検収データを入力していくことになります。

　こうしたシステムを前提とすると、発注してまだ検収作業が完了していないもののデータ一覧がアウトプットできるはずです。発注データに「入荷予定日」や「検収予定日」を入力するような場合は、「発注済み未検収かつ入荷（検収）予定日経過データ」が取れることになります。このデータを見ると、本当は入荷しているのに作業が漏れているのではないか、という観点で確認ができます。

　実務上、入荷はしているがモノ自体に問題があり、返品を検討する必要があるため、検収作業が完了しない、ということも少なくありません。この場合、検収作業が完了しないため、仕入処理しないということで問題ありません。仕入処理に問題がある場合・ない場合にかかわらず、この確認作業を行うことで仕入処理が漏れなく実施され、ひいては仕入債務も漏れなく計上されていることが確認できることになります。

 俯瞰的に仕入債務残高をとらえる

　仕入債務も売上債権同様、その残高に「おかしな数字」が隠されていないか、回転期間分析を行うことによってある程度検討することができます。たとえば、前期と仕入先の決済条件が変わっていない前提があれば、仕入債務（支払手形＋買掛金）の回転期間（仕入債務残高÷平均月度売上原価）もかわっていないはずです。もし、すべての仕入先との決済条件が月末締め翌々月末振込というものであれば、回転期間は2か月となります。つまり毎月末の仕入債務残高は、2か月分の仕入から構成されているということです。実際には、仕入先ごとにさまざまな決済条件があると考えられますので、平均的な

決済条件、回転期間を利用して仕入債務の残高推定値を算出することができます。たとえば回転期間が2か月、平均の月度売上原価（仕入高）が100万円であれば、仕入債務の推定値は200万円になります。この推定値と実際の残高にかい離が生じている場合、仕入債務に「おかしな数字」が紛れ込んでいる可能性があります。

売上債権と見方が異なる点は、この推定値と実際の残高を比べ、実際の残高のほうが少ない場合に、特に気を付けなければならないということです。つまり、この場合には計上されていない仕入債務が存在する可能性があるのです。

POINT

① 資産は実在性、負債は網羅性の確認が重要である。仕入債務は負債であるため、網羅的に計上されているか否かに注意が必要である。

② 購買システムから「発注済み未検収かつ入荷予定日経過データ」が取れるのであれば、そのデータを利用することで、仕入債務の計上漏れを防ぐことができる。

CASE STUDY

発注済未検収一覧の「おかしな数字」
～なぜ仕入債務が計上されていないか?

以下の201X年4月1日現在の発注済未検収一覧を見て、「おかしな数字」を指摘してみてください。

【発注済未検収一覧】

発注オーダーNo.	商品名	入荷予定日	発注数	単位	発注単価	原価	納品日	検収日
10001	A材料	201X/4/21	1,500	Pack	500	750,000		
10002	B商品	201X/4/15	20,000	Pack	230	4,600,000		
10003	C商品	201X/4/15	12,000	Pack	1,000	12,000,000		
10004	B商品	201X/4/15	500	Pack	230	115,000		
10005	C商品	201X/3/31	20,000	Pack	1,000	20,000,000	201X/3/31	
10006	C商品	201X/3/31	20,000	Pack	1,000	20,000,000	201X/3/31	
10007	C商品	201X/3/31	20,000	Pack	1,000	20,000,000	201X/3/31	
10008	C商品	201X/3/31	20,000	Pack	1,000	20,000,000	201X/3/31	
10009	C商品	201X/3/31	20,000	Pack	1,000	20,000,000		
10010	C商品	201X/3/31	20,000	Pack	1,000	20,000,000		
10011	B商品	201X/3/31	20,000	Pack	230	4,600,000		
10012	B商品	201X/3/31	20,000	Pack	230	4,600,000		
10013	B商品	201X/3/31	20,000	Pack	230	4,600,000		

次のポイントに気を付ける必要があります。

① 入荷予定日経過の未納品オーダー

発注オーダーNo.10009～No.10013については、入荷予定日に

なってもまだ納品されていません。なぜ納品されていないか確認が必要です。もしかすると、既に納品済みで納品処理が行われていない可能性もあります。

② 納品済未検収オーダー

発注オーダー No.10005〜No.10008については、納品はされていますが、まだ検収作業が完了していません。一般的には検収作業が完了して仕入・買掛金計上が行われます。

したがって、検収作業が完了していなければ、仕入・買掛金が計上されませんが、もし検収作業が完了しているにもかかわらず、検収完了手続がシステム上未了となっていたり、経理に検収完了の情報が回ってきていない状態であったりした場合、どうなるでしょうか。決算上認識すべき仕入・買掛金が未計上ということになるため、誤った決算書が作成されることになってしまいます。

【参考】計画的な発注

「仕入債務が漏れなく計上されているか」という見方のほかに、「計画的な発注が行われているか」という見方もできます。

発注がオーダーナンバー順に行われているとすると、たとえばB商品について、なぜ先に4月15日入荷予定分を20,500個発注し（No.10002、No.10004）、後で3月31日入荷予定分を60,000個発注したのでしょうか（No.10011〜No.10013）。C商品についても同様で、先に4月15日入荷予定分を12,000個発注し（No.10003）、後で3月31日入荷予定分を120,000個発注しています（No.10005〜No.10010）。

この発注済未検収一覧のみでは詳細は分かりませんが、このような発注の仕方が計画に基づいたものではなく、異常な発注（無計画な発注や担当者個人の判断に基づく発注など）の仕方になっていないか、注意する必要があります。

141

11 計上根拠を理解しているか
その他負債

1 その他負債の管理

　その他負債にも、さまざまな勘定科目が存在します。未払金、未払費用、前受金、預り金、前受収益などがあります。これらの勘定科目に含まれる「おかしな数字」を見抜くためには、取引とその会計処理を理解しておかなければなりません。ここでは、どの勘定科目に留意するかという観点ではなく、留意すべき取引という観点から、その取引と会計処理についてポイントを押さえておきましょう。これらその他負債勘定を使用する取引として、以下の取引を取り扱います。また便宜的に3月決算の会社を前提に考えます。

- 給与取引
- 社会保険関係取引
- 税金関係取引

　これらの取引を理解することなしに、その他負債に「おかしな数字」が含まれているか見抜くことはできません。

11 計上根拠を理解しているか

2　給与取引

　給与は、会社によりさまざまな方法で決まっていますが、基本給と諸手当からなっていることが一般的です。給与に関してまず理解する必要があるのは、その給与計算期間と支給日です。通常は、給与計算は毎月 20 日締切で 25 日払いというのが多いようです。この条件で決算をむかえた場合、3 月決算だとすると、3 月分の給与は、計算期間が 2 月 21 日から 3 月 20 日で、3 月 25 日に支給されることになります。そして 3 月 21 日から 3 月 31 日分を未払給与として、計上しなければなりません。つまり、

（借）従 業 員 給 与　×××　　　（貸）未払従業員給与　×××

という仕訳が必要となります。

　もし、上記のような給与計算を行っている場合、いくらの未払費用（未払従業員給与）が計上されているはずでしょうか。たとえば、年間の従業員給与が 36 億円とした場合、1 か月の平均従業員給与は 3 億円です。未払いとなる期間は 3 月 21 日から 3 月 31 日分ですから、3 億円の約 3 分の 1（か月）の約 1 億円が未払費用（未払従業員給与）として計上されるはずです。

　仮に、この推定値と違うようなことがあれば、そこに「おかしな数字」が含まれているかもしれません。また、残業手当が多額に発生しているような場合は、未払費用（未払従業員給与）のほうが推定額より多額に計上されることになります。さらに、退職等により従業員が減少したということがあれば、当然未払費用（未払従業員給与）は推定値より少額になります。

143

第2章 勘定科目はこう見る！

 社会保険関係取引

　社会保険とは、国民が病気、けが、出産、死亡、老齢、障害、失業など生活の困難をもたらすいろいろな事故（保険事故）に遭遇した場合に一定の給付を行い、その生活の安定を図ることを目的とした強制加入の保険制度をいいます。その主な保険としては、労働者災害補償保険（労災保険）、雇用保険、健康保険、厚生年金保険、国民健康保険などがあります。

　ここでは、会社に関係のある労災保険、雇用保険、健康保険、厚生年金保険を理解しておきましょう。

① 労働保険料取引 —— 労災保険と雇用保険

　労災保険は、労働者が業務上の災害や通勤による災害を受けた場合に被災労働者や遺族を保護するために必要な保険給付を行うものです。また雇用保険は、事業主には、従業員の採用、失業の予防等の措置に対し、一定の要件を満たすと各種助成金等が支給され、従業員が失業した場合、失業等給付金が支払われるものです。労災保険と雇用保険を総称して労働保険といいます。この２つの保険の給付については、それぞれ個別に行われていますが、保険料の徴収等については労働保険として、原則的に一体のものとして取り扱われています。

　労働保険は、法人・個人を問わず労働者（パートやアルバイトも含みます）を１人でも雇っている事業主は原則加入することが法律で義務付けられています。その際、会社と労働者が負担する保険料には、いくつかの種類がありますが、ここでは一般保険料である、事業主が労働者に支払う賃金を基礎として算出する通常の保険料のみを取り扱います。労働保険料は、労働者に支

11 計上根拠を理解しているか

払う賃金の総額に保険料率(労災保険率＋雇用保険率) を乗じて算定します (図表 2-13)。そのうち、労災保険料分は全額事業主負担、雇用保険料分は事業主と労働者双方で負担することになっています。この労働保険料の申告と納付について知っておくことが重要です。

　労働保険料は、毎年 6 月 1 日から 7 月 10 日までの間に、既に納付した前年度の概算保険料の確定精算と当該年度の概算保険料の申告・納付を同時に行うことになっています (これを「年度更新」といいます)。年度更新では、賃金総額の見込額で算定した概算保険料に対する確定申告 (精算) と、新年度の概算保険料の申告をあわせて行います。

図表 2-13　労災保険率・雇用保険率 (平成 28 年 4 月 1 日現在)

①労災保険率

事業の 種類の分類	事 業 の 種 類	労災保険率
林　業	林業	60／1000
漁　業	海面漁業 (定置網漁業又は海面魚類養殖業を除く。)	19／1000
	定置網漁業又は海面魚類養殖業	38／1000
鉱　業	金属鉱業、非金属鉱業 (石灰石鉱業又はドロマイト鉱業を除く。) 又は石炭鉱業	88／1000
	石灰石鉱業又はドロマイト鉱業	20／1000
	原油又は天然ガス鉱業	3／1000
	採石業	52／1000
	その他の鉱業	26／1000
建設事業	水力発電施設、ずい道等新設事業	79／1000
	道路新設事業	11／1000
	舗装工事業	9／1000
	鉄道又は軌道新設事業	9.5／1000
	建築事業 (既設建築物設備工事業を除く。)	11／1000
	既設建築物設備工事業	15／1000

		機械装置の組立て又は据付けの事業	6.5／1000
		その他の建設事業	17／1000
製造業	食料品製造業		6／1000
	繊維工業又は繊維製品製造業		4.5／1000
	木材又は木製品製造業		14／1000
	パルプ又は紙製造業		7／1000
	印刷又は製本業		3.5／1000
	化学工業		4.5／1000
	ガラス又はセメント製造業		5.5／1000
	コンクリート製造業		13／1000
	陶磁器製品製造業		19／1000
	その他の窯業又は土石製品製造業		26／1000
	金属精錬業（非鉄金属精錬業を除く。）		7／1000
	非鉄金属精錬業		6.5／1000
	金属材料品製造業（鋳物業を除く。）		5.5／1000
	鋳物業		18／1000
	金属製品製造業又は金属加工業（洋食器、刃物、手工具又は一般金物製造業及びめっき業を除く。）		10／1000
	洋食器、刃物、手工具又は一般金物製造業（めっき業を除く。）		6.5／1000
	めっき業		7／1000
	機械器具製造業（電気機械器具製造業、輸送用機械器具製造業、船舶製造又は修理業及び計量器、光学機械、時計等製造業を除く。）		5.5／1000
	電気機械器具製造業		3／1000
	輸送用機械器具製造業（船舶製造又は修理業を除く。）		4／1000
	船舶製造又は修理業		23／1000
	計量器、光学機械、時計等製造業（電気機械器具製造業を除く。）		2.5／1000
	貴金属製品、装身具、皮革製品等製造業		3.5／1000
	その他の製造業		6.5／1000
運輸業	交通運輸事業		4.5／1000
	貨物取扱事業（港湾貨物取扱事業及び港湾荷役業を除く。）		9／1000

	港湾貨物取扱事業（港湾荷役業を除く。）	9／1000
	港湾荷役業	13／1000
電気、ガス、水道又は熱供給の事業	電気、ガス、水道又は熱供給の事業	3／1000
その他の事業	農業又は海面漁業以外の漁業	13／1000
	清掃、火葬又はと畜の事業	12／1000
	ビルメンテナンス業	5.5／1000
	倉庫業、警備業、消毒又は害虫駆除の事業又はゴルフ場の事業	7／1000
	通信業、放送業、新聞業又は出版業	2.5／1000
	卸売業・小売業、飲食店又は宿泊業	3.5／1000
	金融業、保険業又は不動産業	2.5／1000
	その他の各種事業	3／1000
船舶所有者の事業	船舶所有者の事業	49／1000

②雇用保険率

事業の種類	保 険 率	事業主負担率	被保険者負担率
一般の事業	11／1000	7／1000	4／1000
農林水産・清酒製造の事業	13／1000	8／1000	5／1000
建設の事業	14／1000	9／1000	5／1000

② 社会保険料取引 ── 健康保険と厚生年金保険

　健康保険とは、事業所で雇用される労働者を被保険者とする医療保険をいいます。保険者が全国健康保険協会であるものと健康保険組合であるものとがあります。

　厚生年金保険とは、一定の事業所に使用される労働者に支給される年金であり、労働者の老齢、傷病、障害、死亡といった保険事故に対して、老齢、障害、死亡について保険給付を行い、労働者とその遺族の生活の安定と福祉の向上に寄与することを目的とした制度です。

第2章 勘定科目はこう見る！

　健康保険料および厚生年金保険料は、被保険者の標準報酬月額、標準賞与額に保険料率を乗じてその額を算出します。健康保険料については、被保険者が40歳以上65歳未満である場合は、介護保険料も負担することになります。

　健康保険料および厚生年金保険料は事業主と被保険者とが折半しそれぞれ負担することになっています。なお、健康保険組合の場合には事業主と被保険者の負担割合を健康保険組合の実績によっていくらか増減することができ、多くの健康保険組合では事業主の負担割合がいくぶん多くなっていることが多いようです。事業主は、自分の負担する分（事業主負担分）と、被保険者が負担する分（被保険者負担分）とをあわせて納付する義務があります。そのかわりに事業主は、その支払う賃金から被保険者負担分を控除することができます（源泉徴収方式）。毎月の保険料は、翌月の末日までに納入告知書によって事業主が納めることになっています。

　これら健康保険と厚生年金保険は、原則として翌月末までに保険料を納付する必要があります（下記参照）。

【社会保険料の会計処理】
　①　2月分の給与を支払った。なお、2月分の健康保険料は本人負担分230円、会社負担分230円、厚生年金保険料は本人負担分350円、会社負担分350円である。

2月25日

（借）	従業員給与 （2月分）	×××	（貸）	現金預金	×××
				預り金 （1月分本人負担分）	500　**A**
（借）	法定福利費	580	（貸）	未払費用 （2月分会社負担分）	580　**B**

148

② 1月分の社会保険料を2月末に納付した。

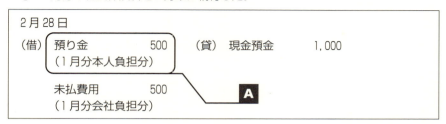

③ 3月分の給与を支払った。なお、3月分の健康保険料は本人負担分250円、会社負担分250円、厚生年金保険料は本人負担分400円、会社負担分400円である。

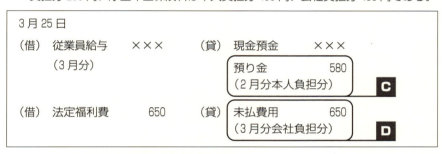

④ 2月分の社会保険料を3月末に納付した。

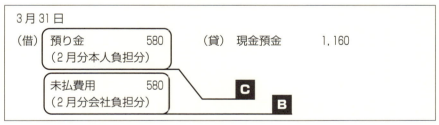

よって、3月末残高は、

3月31日

である。

前記で給与から天引きされる従業員負担分と会社負担分の社会保険料は、たとえば、3月分の保険料については、4月20日前後に「納入告知書」が送られてきますので、4月に支払う給与から控除して、会社負担分とあわせて4月末日までに納付することになります。

保険料率と納付期限がポイント

「おかしな数字」を見抜くための第1のポイントは、労災保険率、雇用保険率、健康保険料率、厚生年金保険料率（図表2-14）を把握しておくことです。

労災保険率と雇用保険率は、事業の種類によって異なります。

健康保険料率は、各都道府県別に料率が異なり、例えば東京都の場合、2016年4月現在、全国健康保険協会管掌健康保険の被保険者の一般保険料率は1000分の99.6ですが、40歳以上65歳未満の介護保険第2号被保険者に該当する被保険者は介護保険料率が上乗せされ、1000分の115.4となります。

なお、業界で健康保険組合を作っている場合は、一般保険料率は1000分の30から120までの範囲内で、その組合の実情に応じて決められています。

図表2-14　厚生年金保険料率（年度別）

開始年度	保険料率
平成16年9月まで	13.580%
平成16年10月から	13.934%
平成17年	14.288%
平成18年	14.642%
平成19年	14.996%
平成20年	15.350%
平成21年	15.704%
平成22年	16.058%
平成23年	16.412%
平成24年	16.766%
平成25年	17.120%
平成26年	17.474%
平成27年	17.828%
平成28年	18.182%
平成29年	18.300%

※一般被保険者の第1種・第2種の変遷を記載している。

11 計上根拠を理解しているか

　厚生年金保険料率は、前頁の図表の通り、総報酬制施行時の保険料率 13.58% は、平成 16 年 10 月から 13.934% となり、以後毎年 0.354%（本人負担分 0.177%）ずつ引き上げられ、最終的には（平成 29 年 9 月から）18.3% となります。

　第 2 のポイントは、これらの納付期限です。特に健康保険料および厚生年金保険料については、毎月末が納付期限になっていますが、土日祝日は休日明けが期限になります。したがって、決算日が土日に当たる場合、預り金や未払費用が余分に残ることになります。

　これらの点を踏まえてその他負債の残高を考えると、

①　労災保険料および雇用保険料については、原則的に期末には預り金や未払費用の残高が残らない

②　健康保険料および厚生年金保険料については、原則的に期末には預り金は残高が残らない。未払費用は、3 月分の会社負担分が残高で残ることになる

ということになります。では、②についてどれくらいの未払費用が残ることになるのか、ここでも推定値をだしてみましょう。

前　　提：全国健康保険協会管掌健康保険
適用料率：
- 健康保険料率（東京都、平成 28 年 3 月分（4 月納付分）〜）
 　（介護保険上乗せなし＝40 歳未満）　　　　＝ 9.96%…①
 　（介護保険上乗せあり＝40 歳以上 65 歳未満）＝11.54%…②
- 厚生年金保険料率＝17.828%…③（平成 28 年 3 月分（4 月納付分）〜）

上記を事業主と被保険者で折半する。
　〈40 歳未満の被保険者の場合〉
　　（①9.96%＋③17.828%）÷2＝13.894%
　〈40 歳以上 65 歳未満の被保険者の場合〉
　　（②11.54%＋③17.828%）÷2＝14.684%

第2章 勘定科目はこう見る！

　社員の年齢構成によりこの料率を加重平均するのが適当ですが、ここでは単純平均して考えます。すると約14.3％が健康保険および厚生年金保険の保険料率ということになります。これに全社員の標準報酬月額を乗じると1か月の保険料の推定値が算定されますが、標準報酬月額データをとることが難しい場合が少なくないため、ここでは給与総額を使用します。すると、

> 健康保険および厚生年金保険の
> 保険料1か月分の推定値　$=$ 給与総額 $\times 14.3\% \times \dfrac{1}{12}$
>
> ※子ども・子育て拠出金の拠出金率（0.20％）を加味することも考えられます。

となり、この推定値が健康保険および厚生年金保険の保険料に関する未払費用の残高として残っているはずです。

　しかし実務上、この推定値は実際の残高よりも多額になる場合があります。別の言い方をすれば、実際の保険料率が、13.8％より低くなっていることがあります。これは、月給が605,000円を超えると厚生年金保険料が一定額になり（平成28年3月以降）、1,355,000円を超えると健康保険料が一定額になることによるものです。つまり、高額給与所得者が多い会社においては、上記のように算定した推定値より小さくなってしまうので、分析するに当たっては留意する必要があります。

　もし、高額給与所得者が多くいるわけでもなく、推定値より実際の保険料や未払費用残高が小さい場合、何が考えられるでしょうか。それは、これらの保険料が支払われていない従業員が存在する可能性があるということです。健康保険および厚生年金保険は、法人である場合、強制的に制度に加入させられますが、保険料負担を嫌がって加入しない会社があります。これは明らかにコンプライアンス違反です。このような分析を行うことで「おかしな数字」を発見することができるだけでなく、コンプライアンス違反を発見することにもつながるのです。

152

税金関係取引

　会社はさまざまな税金に関する取引を行っています。法人税、住民税及び事業税の説明については、第2章の13で行います。ここでは、源泉所得税について考えてみます。

　主な源泉所得税として、支払給与や報酬に係る源泉所得税や受取利息や受取配当金に係る源泉所得税などがありますが、ここでは支払給与に係る源泉所得税をとりあげてみます。

① 支払給与に係る源泉所得税 ── 源泉徴収税額表

　会社や個人が、人を雇用して給与を支払ったり、税理士などに報酬を支払ったりする場合には、その支払いのつど支払金額に応じた所得税を差し引くことになっています。そして、差し引いた所得税は、原則として、給与などを実際に支払った月の翌月の10日までに国に納める必要があります。会社の場合、源泉徴収義務者に当たりますので、必ずこの所得税を差し引いて、国に納める必要があります。

　以下では支払給与に係る源泉所得税をとりあげますが、結局いくらを所得税として差し引いて納付することになるのでしょうか。それは、「給与所得の源泉徴収税額表」や「賞与に対する源泉徴収税額の算出率の表」などを使用して算定します（次頁図表2-15）。なお、この表で「甲欄」と「乙欄」がありますが、「甲欄」は「給与所得者の扶養控除等申告書」を提出している人に支払う給与の場合、「乙欄」は、その他の人に支払う給与の場合に使用します。ただし、給与所得に対する源泉徴収税額は、「給与所得の源泉徴収税額表」ではなく、その給与等の支払額に関する計算を電子計算機などの事務

第2章 勘定科目はこう見る！

図表2-15(1)　給与所得の源泉徴収税額表（平成28年分）〔月額表（抄録）〕

その月の社会保険料等控除後の給与等の金額		甲								乙
		扶　養　親　族　等　の　数								
以　上	未　満	0 人	1 人	2 人	3 人	4 人	5 人	6 人	7 人	
		税			額					税　額
円	円	円	円	円	円	円	円	円	円	円
88,000円未満		0	0	0	0	0	0	0	0	その月の社会保険料等控除後の給与等の金額の3.063%に相当する金額
88,000	89,000	130	0	0	0	0	0	0	0	3,200
89,000	90,000	180	0	0	0	0	0	0	0	3,200
90,000	91,000	230	0	0	0	0	0	0	0	3,200
91,000	92,000	290	0	0	0	0	0	0	0	3,200
92,000	93,000	340	0	0	0	0	0	0	0	3,300
93,000	94,000	390	0	0	0	0	0	0	0	3,300
94,000	95,000	440	0	0	0	0	0	0	0	3,300
95,000	96,000	490	0	0	0	0	0	0	0	3,400
96,000	97,000	540	0	0	0	0	0	0	0	3,400
97,000	98,000	590	0	0	0	0	0	0	0	3,500

※平成24年3月31日財務省告示第115号別表第一（平成27年3月31日財務省告示第114号改正）

図表2-15(2)　賞与に対する源泉徴収税額の算出率の表（平成23年分）〔抄録〕

賞与の金額に乗ずべき率	甲															乙	
	扶　養　親　族　等　の　数																
	0 人		1 人		2 人		3 人		4 人		5 人		6 人		7人以上		前月の社会保険料等控除後の給与等の金額	
	前　月　の　社　会　保　険　料　等　控　除　後　の　給　与　等　の　金　額																
	以上	未満	以上	未満	以上	未満	以上	未満	以上	未満	以上	未満	以上	未満	以上	未満	以上	未満
％	千円	千円	千円	千円	千円	千円	千円	千円	千円	千円	千円	千円	千円	千円	千円	千円	千円	千円
0	68千円未満		94千円未満		133千円未満		171千円未満		210千円未満		243千円未満		275千円未満		308千円未満			
2.042	68	79	94	243	133	269	171	295	210	300	243	300	275	333	308	372		
4.084	79	252	243	282	269	312	295	345	300	378	300	406	333	431	372	456		
6.126	252	300	282	338	312	369	345	398	378	424	406	450	431	476	456	502		
8.168	300	334	338	365	369	393	398	417	424	444	450	472	476	499	502	527		
10.210	334	363	365	394	393	420	417	445	444	470	472	496	499	525	527	553	241千円未満	
12.252	363	395	394	422	420	445	445	477	470	504	496	531	525	559	553	588		
14.294	395	426	422	455	450	484	477	513	504	543	531	574	559	604	588	632		
16.336	426	550	455	550	484	557	513	557	543	592	574	622	604	652	632	683		

※平成24年3月31日財務省告示第115号別表第三（平成27年3月31日財務省告示第114号改正）

機械によって処理しているときは、月額表の甲欄を適用する給与等については、**図表2-16**の別表第一〜別表第三を用いて源泉徴収税額を求めることができる特例が設けられています。

図表2-16　電子計算機等を使用して源泉徴収税額を計算する方法（平成28年分）

別表第一

その月の社会保険料等控除後の給与等の金額(A)		給与所得控除の額
以　　上	以　　下	
円	円	
──	135,416	54,167円
135,417	149,999	(A)×40%
150,000	299,999	(A)×30%＋ 15,000円
300,000	549,999	(A)×20%＋ 45,000円
550,000	833,333	(A)×10%＋100,000円
833,334	999,999	(A)× 5%＋141,667円
1,000,000円	以　　上	191,667円

（注）　給与所得控除の額に1円未満の端数があるときは、これを切り上げた額をもってその求める給与所得控除の額とします。

別表第二

配 偶 者 控 除 の 額	31,667円
扶 養 控 除 の 額	31,667円×控除対象扶養親族の数
基 礎 控 除 の 額	31,667円

別表第三

その月の課税給与所得金額(B)		税 額 の 算 式
以　　上	以　　下	
円	円	
──	162,500	(B)× 5.105%
162,501	275,000	(B)×10.210%－ 8,296円
275,001	579,166	(B)×20.420%－ 36,374円
579,167	750,000	(B)×23.483%－ 54,113円
750,001	1,500,000	(B)×33.693%－130,688円
1,500,001円	3,333,333	(B)×40.840%－237,893円
3,333,334円	以　　上	(B)×45.945%－408,061円

（注）　税額に10円未満の端数があるときは、これを四捨五入した額をもってその求める税額とします。

第2章 勘定科目はこう見る！

仕訳を考えてみると、

●給与支給日

（借） 従 業 員 給 与	×××	（貸） 現 金 預 金	×××
		預 り 金	×××
		（源泉所得税）	

●翌月 10 日

| （借） 預 り 金 | ××× | （貸） 現 金 預 金 | ××× |
| （源泉所得税） | | | |

となります。なお、給与の支給人員が常時 9 人以下の源泉徴収義務者は、源泉徴収した所得税を、半年分まとめて納めることができる特例があります。この特例の対象となるのは、給与や退職金から源泉徴収をした所得税と、税理士報酬などから源泉徴収をした所得税に限られています。この特例を受けていると、その年の 1 月から 6 月までに源泉徴収した所得税は 7 月 10 日、7 月から 12 月までに源泉徴収した所得税は翌年 1 月 20 日が、それぞれ納付期限になります。

② 年末調整がポイント —— 通常は還付となる

この源泉所得税は、「源泉徴収税額表」に従って算定されたものですが、その源泉徴収をした税額の 1 年間の合計額は、給与の支払いを受ける人の年間の給与総額について納めなければならない税額（年税額）と一致しないのが通常です。なぜなら、「源泉徴収税額表」は、年間を通して毎月の給与の額に変動がないものとして作られていますが、実際は年の中途で給与の額に変動があること、また期中で扶養親族等に異動があっても、その異動後の支払分から修正するだけで、遡及して各月の源泉徴収税額を修正することとさ

れていないこと、配偶者特別控除や生命保険料、地震保険料の控除などは、年末調整の際に控除することとされていること、などがあるためです。このような不一致を精算するため、1年間の給与総額が確定する年末にその年に納めるべき税額を正しく計算し、それまでに徴収した税額との過不足額を求め、その差額を徴収または還付することが必要となります。この精算の手続を「年末調整」と呼んでいます。

　すると、この「年末調整」が正しく行われているか、ということが非常に重要になりますが、これはどのように確認するのが適当でしょうか。年末調整には、上記のように給与水準の変動、扶養親族等の異動、各種控除項目の変動など不確定要素が多いため、計上される期末の預り金残高等を俯瞰的に分析するというのは非常に困難ですが、次のようなやり方もあります。

　年末調整計算が正しいかを俯瞰的にチェックするやり方として、「従業員別年末調整結果一覧」を見て、追加徴収か還付金の金額を確認します（図表2-17）。通常は月次でやや多目に源泉徴収しているので、還付になるのが普通です。したがって、特殊なことがなければ追加徴収にならないという視点で見て、追加徴収の場合はその根拠を確認するのが効果的です。また還付金額が異常に多い場合にも注意する必要があります。還付が多いのは、住宅ローン減税が受けられる人であるケースが通常です。それ以外で還付が多額に

図表2-17　年末調整結果一覧表（例）

平成28年分　　　　　　　　　　　　　　　　　　　　　　　　（単位：円）

社員番号	社員氏名	給料・手当等	賞与等	総支給額	徴収税額	確定年税額	超過税額	不足税額
130001	A山 太郎	4,899,600	650,000	5,549,600	102,531	73,700	28,831	
130002	B田 二郎	3,900,000	300,000	4,200,000	108,205	85,800	22,405	
130003	C谷 三郎	2,640,000	3,000,000	5,640,000	159,810	196,700		36,890
⋮	⋮	⋮	⋮	⋮	⋮	⋮	⋮	⋮

賞与が給料に対し多額であるため、追加徴収になっている。

第2章 勘定科目はこう見る！

ある場合は、月次の源泉の計算間違いを疑うべきでしょう。

　また多額に追加徴収である場合、賞与が給与に比べ異常に高い場合が考えられます。つまり、賞与の源泉は直前の給与の支給実績をもとに所得税率が決まるため、給与がそれほど高くなければ、賞与が異常に高くても天引きされるときの税率は低くなります。しかし、年末調整のときは、給与も賞与も合算して年収ベースで計算します。所得税は段階税率であるため、一定の所得を超えると税率がぐんと上がる場合があります。賞与が異常に多い人はこれに該当するケースが多くなります。給与のときは10%だったのに、賞与も含めて年収でみたら、最終的な所得税率は20%になってしまったというような場合です。この場合は給与や賞与で天引きした所得税が少ないので、年末調整で追加徴収になることになります。したがって、給与と賞与のバランスを見るというのも重要なチェックポイントになります。

　また、サンプルで何人かの年末調整が正しく行われているかどうかをチェックしてみるのがよいでしょう。本来は統計に基づいてサンプリングするのが適切ですが、数件チェックするだけでも、税制改正があったにもかかわらずそれが反映されていない、などのミスが発見されることがあります。

　年末調整は非常に難しい手続であるため、外部専門家に委託していることもありますが、この場合は問題になるケースはきわめて稀だと考えられます。

POINT

① その他負債に含まれる「おかしな数字」を見抜くためには、給与取引、社会保険関係取引、税金関係取引などの概要について理解しておく必要がある。

② これらの取引を理解した上で、その他負債がどのようなタイミングで計上され、消し込まれるのかということに留意する。

CASE STUDY

預り金明細の「おかしな数字」〜なぜ残っているか?

以下の預り金明細を見て、「おかしな数字」を指摘してみてください。

【預り金明細】

2016年3月31日現在　　　　　　　　　（単位：円）

内訳	金額
源泉所得税（給与）	3,754,360
源泉所得税（報酬）	1,453,290
住民税	15,622,900
社会保険料	27,274,760
預り営業保証金	5,000,000

社会保険料27,274,760円

社会保険料（健康保険と厚生年金保険）は、月末までに支払うことになっているため、月末日が営業日であれば基本的には残高が残りません。

したがって、この預り金明細の残っている預り社会保険料残高は、納付されていないか、もしくは仕訳漏れである可能性があります。

なお、源泉所得税（給与、報酬）や住民税といった内容の預り金がありますが、原則として、給与などを実際に支払った月の翌月10日までに源泉所得税の場合は国に、住民税の場合は市町村に納めなければなりません。したがって、翌月納付分のみ毎月末に残高が残ることになります。

12 誰がやっても同じ金額で計上されるか
引当金

 引当金の管理

　引当金には、資産価額からの控除を意味する評価性引当金と将来の支出を意味する負債性引当金の2種類があります。評価性引当金としては貸倒引当金、負債性引当金としては製品保証引当金、賞与引当金、退職給付引当金、債務保証損失引当金などがあります。企業会計原則注解18によると、引当金とは次の4つの要件を満たすものをいいます。
　(1)　将来の特定の費用または損失である
　(2)　その発生が当期以前の事象に起因する
　(3)　発生の可能性が高い
　(4)　その金額を合理的に見積もることができる
　これらの要件をすべて満たした場合、引当金として計上しなければなりません。この要件のなかで特に留意する必要があるのは、(3)と(4)の要件です。

① 会計基準だけで実務はまわらない —— 社内基準の必要性

　ここでとりあげたいのは、実務において、(3)「発生の可能性が高い」というのはどの程度の発生可能性をいうのか、また(4)「その金額を合理的に見積も

ることができる」とはどこまでを合理的に見積もることができるというのか、という問題です。たとえば、貸倒引当金については、「金融商品に関する会計基準」（企業会計基準第10号）、「金融商品会計に関する実務指針」（会計制度委員会報告第14号）などの基準により、また退職給付引当金については、「退職給付に関する会計基準」（企業会計基準第26号）、「退職給付に関する会計基準の適用指針」（企業会計基準適用指針第25号）などの基準により、引当金の計上方法についての記載があります。これらの会計基準等を十分理解して引当金の会計処理を行う必要があるのはいうまでもないことですが、たとえ、これらの会計基準等をそのまま実務に落とし込もうとしても、ばく然としていて難しい点があります。それを解決するためには、会社としての基準を設ける必要があります。引当金に「おかしな数字」が含まれないように正しく計上するためには、会計基準の趣旨を十分に斟酌したうえで、社内基準を設けることが不可欠になるということです。

❷ 一定水準以上の基準を自社で設定する —— 合理的な見積りや判断の担保

引当金を計上するにあたっては、(3)や(4)の要件を満たしたかどうかの判断に、必ず見積りが必要になってきます。つまり、このような状態にあるために発生の可能性が高いと判断したのだ、とか、このような手続で見積もっているのだから合理的な算定方法なのだ、とかいうような見積りや判断です。もし、これらの見積りや判断が、会社の経理責任者、経理担当者ごとに違っていた場合、どうでしょうか。仮に会計基準で詳細なルールが決められているとすれば、このような問題は起こらないでしょうが、実際は詳細なルールまでは決められていません。あえて決めていないといってもよいでしょう。それは、会社ごとに経営環境が異なると考えられるため、全業界一律にルールを決めるほうがむしろ実態にそぐわないとの判断があるためです（第1章 ❻

参照)。したがって、誰が見積もっても、誰が判断しても同水準の見積りや判断が行われることを保証するために、社内基準を設けることが不可欠といえます。むしろ、社内基準が設けられていなければ、その時点で「おかしな数字」が引当金に含まれている可能性が非常に高いといっても過言ではありません。

 見積りについての社内基準を見る

　引当金を計上するに当たって、社内基準が必要であることはわかりましたが、具体的にどのような社内基準が必要になるのでしょうか。そこでここでは、実務上問題となるケースが多いと考えられる貸倒引当金についてとりあげてみます。貸倒引当金は、手形債権や売掛金等の金銭債権の貸倒見積高として計上する評価性引当金です。この貸倒見積高は、債務者の財政状態および経営成績等に応じて、債権を一般債権、貸倒懸念債権、破産更生債権等の3つに区分し、この区分ごとに算定されることになります（図表2-18）。

図表2-18　債権区分と貸倒引当金

債権の区分	内　　容	貸倒見積高の算定方法
一　般　債　権	経営状態に重大な問題が生じていない債権者に対する債権	債権全体または同種・同類の債権ごとに債権の状況に応じて過去の貸倒実績率等の合理的な基準により算定する
貸倒懸念債権	経営破綻には至っていないが、債務の弁済に重大な問題が生じているかまたは生じる可能性の高い債務者に対する債権	財務内容評価法とキャッシュ・フロー見積法のいずれかを選択し、同一の債権については債務者の状況等が変化しない限り、選択した方法を継続適用する（金融商品会計基準28(2)、金融商品会計実務指針113）
破産更生債権等	経営破綻または実質経営破綻の債務者に対する債権	個々の債権ごとに担保および保証のない部分の全額を貸倒引当金とする（財務内容評価法）

出所：阿部光成・安藤佳道・山岡信一郎『企業会計における時価決定の実務』2004年（清文社）を一部改変

① 一般債権の社内基準 —— 貸倒実績率のとらえ方

　一般債権については、債権全体または勘定科目別、営業債権・営業外債権別、短期・長期別などの債権ごとに、債権の状況に応じて求めた過去の貸倒実績率等の合理的基準により貸倒見積高を算定します。したがって、一般債権をどのように分類（グルーピング）するか、またグルーピングした一般債権ごとに適用する貸倒実績率を算定する際、貸倒損失の過去のデータから貸倒実績率を算定する期間を何年とするか、などについては、社内基準で定める必要があります。

　実務上、過去に貸倒実績がないとして貸倒実績率を 0% とする会社があります。将来においても貸倒れの発生の可能性がないと合理的に予測される場合には問題ありませんが、通常は信用リスクが全くない債務者というのも考えにくいので、この信用リスクを加味した貸倒実績率を採用するような社内基準を設けるべきでしょう。

　なお、ここでいう貸倒実績率はあくまで会計上のものであり、税務における貸倒実績率とその算定方法が異なるので注意が必要です。ただ、もし税務上と会計上の貸倒実績率に大きな差がなければ、税務上の貸倒実績率をもって会計上の貸倒実績率とすることができる、とされています。

② 貸倒懸念債権の社内基準 —— 貸倒れが懸念される具体的事象

　貸倒懸念債権については、債権額から担保の処分見込額および保証による回収見込額を減額し、その残額について債務者の財政状態および経営成績を考慮して貸倒見積高を算定する方法（財務内容評価法）と、債権の発生または取得当初における将来キャッシュ・フローと債権の帳簿価額との差額が一定率になるような割引率を算出し、債権の元本および利息について、元本の回収および利息の受取りが見込めるときから当期末までの期間にわたり、債

権の発生または取得当初の割引率で割り引いた現在価値の総額と債権の帳簿価額との差額を貸倒見積高とする方法（キャッシュ・フロー見積法）があります。

　実務上問題になるのは、債務者に債務の弁済に重要な問題が生じているかまたは生じる可能性が高いかを、どのように判断するかということです。「金融商品会計に関する実務指針」（会計制度委員会報告第14号）第112項では、例として「現に債務の弁済がおおむね1年以上延滞している場合」や「弁済期間の延長又は弁済の一時棚上げ及び元金又は利息の一部を免除する」場合が挙げられていますが、債務者が弁済できない可能性が高いことの条件をすべて挙げてあるわけではありません。したがって、この条件についてもできる限り社内基準を設け、どのようなケースが債務者に起こった場合、貸倒懸念債権に区分されることになるのか、明確にしておくことが望ましいと考えらます。

　同実務指針第114項では、債務者の支払能力を判断する資料の入手が困難な場合は、貸倒懸念債権として判定された年に債権額から担保の処分見込額および保証による回収見込額を控除した残額の50％引当て、次年度以降は毎期見直すという簡便法を採用することができる旨が定められています。しかし、これを安易に適用すると、最善の見積りを行うことができなくなるおそれがありますので、どこまでの手続ができないことをもって資料入手困難とするか、明確にしておくことも必要かと思います。

　なお、「50％の引当て」については、第3章 **4** **⑤** も参照してください。

③ 破産更生債権等の社内基準 —— 実質的な破綻

　破産更生債権等については、財務内容評価法により貸倒見積高を算定します。実務上問題となる場合は、債務者がどのような状況になった場合、破産更生債権等に該当するのかということです。破産、清算、会社整理、会社更生、民事再生、手形交換所における取引停止処分など法的な経営破綻に陥っ

ている場合は、破産更生債権等に該当することは明らかです。

　実質的に経営破綻に陥っている場合は、同実務指針第116項によれば、法的、形式的な経営破綻の事実は発生していないものの、深刻な経営難の状態にあり、再建の見通しがない状態となっています。債務者がどのような状態になれば「深刻な経営難」「再建の見通しがない」状態なのか、ある程度社内基準で定めておく必要があるでしょう。

 債権の年齢調べ表（Aging List）を見る

　結局、債権が一般債権ではなく、貸倒懸念債権や破産更生債権等に該当するかどうか検討しなければならない状況というのは、基本的には入金が期日になされていない状況ということです。ですので、販売システムで入金予定日を経過したものをリストアップして、遅延理由を確認すればよいのですが、実務では、特に売上債権については、わざわざ入金予定日をシステムに登録しているケースは少ないかと思います。そこで、債権取得日（売上計上日）からどれほど経過したか、債権の年齢調べをした管理表が参考になります。この年齢調べ表では、債権取得日から3か月、6か月、1年経過した債権の相手先と金額がわかるようになっています。

　図表2-19の例で見ると、C社に対する売掛金が発生から1年経過していますが、「金融商品会計に関する実務指針」によると、一般債権ではなく貸

図表2-19　売掛金年齢調べ表（例）

得意先	3か月	6か月	1年	2年超
A社	30,000			
B社	10,000			
C社			10,000	

第 2 章 勘定科目はこう見る！

倒懸念債権に該当する可能性があります。

① そもそも年齢調べ表は正しく作成されているか ── チェックポイント

　売掛金年齢調べ表は、売上・売掛金を管理するシステム（販売管理システム）からアウトプットできるケースが多いですが、システムにあるデータをもとに、表計算ソフトを使って手作業で図表 2-19 のような資料を作成する場合があります。この場合には、資料作成ミスというリスクがありますので、下記のような点に留意する必要があります。

- たとえば 3 月決算の場合、3 月末時点における年齢調べ表の売掛金の残高が、3 月末残高と一致しているか。つまり売掛金はすべて年齢調べの対象となっており、表から漏れはないか
- たとえば 3 月決算の場合、前回作成した年齢調べ表（たとえば 9 月末）との整合性は維持されているか。つまり、9 月末時点で 6 か月滞留していた売掛金は、期末である 3 月末時点では、入金がなければ、さらに 6 か月滞留していることになるため、「1 年」の欄に集計されているか

② 年齢調べ表が誤っているとどうなるか ── 貸倒引当金の誤計上額

　ある会社では、販売システムからのデータをもとに売掛金の年齢調べ表を半期に一度作成し、経理部では、この年齢調べ表に基づき、売掛金の滞留状況を把握し貸倒引当金を計上していました。

　私が期末にこの年齢調べ表を見たところ、「2 年経過している」となっている売掛金が存在していました。経理部では、その売掛金につき、1 年以上滞留しているということで 50% の個別引当を行っていましたが、私はそのとき、ふと「中間期（第 2 四半期）のとき、この債権は滞留していたかな」

と思い、中間期末時点の年齢調べ表を確認することにしました。すると、その年齢調べ表では「1.5年」の欄に数値は集計されておらず、「6か月」の欄に集計されていました。もし、中間期末時点の年齢調べ表が正しいとすると、期末時点の表は誤っていることになります。この点について、経理担当者に確認すると、「実は中間時点の年齢調べ表が担当者のミスで間違っていたのです。そのとき、その売掛金は1.5年滞留していました」とのことでした。すると、中間決算でその売掛金については、個別引当で50%貸倒引当金を計上する必要があったということになります。当然中間利益の金額が変わってくることになります。結局、金額的な重要性が低いということで、中間決算の訂正は行わないことになりました。公認会計士の監査の観点からは、こうした年齢調べ表が恣意的に改ざんされていないかということも当然留意する必要があるため、上記のようなミスが発見されたときには、本当に誤謬だったのか、それとも不正だったのか、ということについて非常に気を遣うところではあります。

POINT

① 引当金に「おかしな数字」が含まれないように正しく計上するためには、会計基準の趣旨を十分に斟酌した上で、社内基準を設けることが不可欠になる。

② 社内基準は具体的な見積り方法を文書化したものであるが、これがもし存在していなければ、正しい見積りがなされたことを説明するのが難しく、「おかしな数字」が紛れ込む可能性が高くなる。

CASE STUDY

貸倒引当金算定資料の「おかしな数字」～十分に計上されているか

売掛金年齢表（91頁）と以下の貸倒引当金算定資料を見て、「おかしな数字」を指摘してみてください。

【貸倒引当金算定資料】

貸借対照表（抜粋）

流動資産	売掛金	453,900,000
固定資産	破産更生債権等	1,620,000

※上記以外に債権はなし

◆貸倒引当金計上にあたっての前提条件
　①貸倒実績率は0.1％
　②滞留が1年超となる債務者に対する債権は、貸倒懸念先債権として取扱い、50％貸倒引当金計上するものとする。
　③破産更生債権等は、100％回収可能性がないとする。

　　　　　　　　　　　　　　　　　　　　　　　　　　　　　　貸倒引当金計上額
　一般債権　　　　449,562,000 ×　0.1％ ＝　　449,562（流動）
　貸倒懸念先債権　　4,338,000 ×　50％ ＝　2,169,000（流動）
　破産更生債権等　　1,620,000 × 100％ ＝　1,620,000（固定）
　　　　　　　　　455,520,000　　　　　　　　4,238,562

C社を貸倒懸念先と考えてよいか

　貸倒引当金は、債権を区分し、その区分ごとに貸倒見積高を算定して計上されることになりますが、その区分は、債務者の財政状態および経営成績等に応じて行われます。

　C社に対する売掛金の滞留状況を見たとき、2年超の3,150千円があり、異常がないと思われる6か月以下の2,700千円があります。もし、2年超の滞留債権が存在することによってこの会社の支払能力に問題があると判断するならば、取引

を継続するでしょうか。つまり、この 2 年超の3,150千円は、この会社の支払能力に問題があることによって滞留しているわけではないのではないか、ということです。

　したがって、この 2 年超の3,150千円を貸倒懸念先債権として集計して貸倒引当金を算定するのは適切ではなく、当該債権が計上された背景を探ってみる必要があるということです。この3,150千円は「おかしな数字」と考えるべきでしょう。91頁の【CASE STUDY】もあわせて参照してください。

【参考】債務者の状況と関係なく回収不能となっている債権

　貸倒引当金は、あくまでも債務者の財務状況 (資金繰り悪化や倒産など) を理由として債権が回収できなくなると見込まれる金額について設定されるものです。ここで、C社の財務状況 (資金繰り悪化や倒産) とは無関係の事象で、回収不能となっている原因を考えてみましょう。

　もし、C社が3,150千円の取引の存在を認めておらず、売上計上自体が誤っていたと考えられる場合、貸倒引当金設定ではなく売上高・売掛金の取消処理をする必要があります (これに伴い、売上原価および棚卸資産の戻しの仕訳が必要になりますが、ここでは割愛します)。

●当期の取引であった場合

　当期の売上高および売掛金を取消します。

```
                                     (単位：千円)
  (借)　売上高　　　3,150　　(貸)　売掛金　　3,150
  ※消費税等は無視します。
```

●前期以前の取引であった場合

　「会計上の変更及び誤謬の訂正に関する会計基準」に従い、期首の利益剰余金を修正します。

```
                                     (単位：千円)
  (借)　利益剰余金 (期首)　3,150　　(貸)　売掛金　3,150
  ※消費税等は無視します。
```

　(注)金額の重要性が低いと判断される場合は、当期の取引であった場合と同様の処理が行われることがあります。

13 やはり税務の知識が必要
税金関係

1 押さえておくべき税金知識

　税金関係に係る決算数値について、「おかしな数字」を見抜くためには、やはり税務の知識が必要です。とはいえ、企業が関係する税務は、多岐にわたりますので、ここでは、「おかしな数字」を見抜くための必要最低限の知識として、法人税、住民税、事業税、消費税の概要を押さえておくことにします。これらの税金の概要を押さえたうえで、税金費用（法人税、住民税及び事業税＋法人税等調整額）に「おかしな数字」が含まれていないかどうかの見分け方を説明します。

2 法人税とは

　法人税とは、法人の所得に対して課せられる国税です。2016年3月末現在、法人の所得に課せられる税率は次頁図表2-20のとおりになっています。
　なお平成28年度税制改正により、普通法人の法人税率23.9%は平成28年度〜平成29年度には23.4%、平成30年度以降には23.2%と引下げられることになります。

図表 2-20　法人税率（2016 年 3 月末日現在）

区　　　分		2015 年 4 月 1 日以後開始事業年度
中小法人・人格のない社団等	年 800 万円以下の部分	15%
	年 800 万円超の部分	23.9%
中小法人以外の普通法人		
公益法人等	年 800 万円以下の部分	15%
	年 800 万円超の部分	19%
協同組合等	年 800 万円以下の部分	15%（16%）
	年 800 万円超の部分	19%（20%）
	特定の協同組合等の年 10 億円超の部分	22%
特定医療法人	年 800 万円以下の部分	15%（16%）
	年 800 万円超の部分	19%（20%）

（注）中小法人とは、期末の資本金の額が 1 億円以下の法人（資本金の額が 5 億円以上の法人が完全支配する法人を除く）をいう。
　　　表中の括弧書は、連結法人である場合の税率を表す。
　　　詳しくは、国税庁の HP（http://www.nta.go.jp/）を参照のこと。

❸　住民税とは

　もともと税法の世界には「住民税」という定義はなく、道府県民税と市町村民税のことをあわせて住民税とよんでいます。住民税には、法人住民税と個人住民税がありますが、ここでは法人住民税のみとりあげることにしましょう。法人住民税には、法人税割（法人税額に税率を掛けて計算される税額）、均等割（所得に関係なく、資本金等の金額と従業員の数によって決まる税額）、利子割（金融機関などが利子等を支払うときにその額に対し 5% の税率で計算される税額）があり、税率は次頁図表 2-21 のようになっています（東京都の場合）。

　各地方団体は、条例によって標準税率から制限税率上限（標準税率の 1.1 倍）までの税率を定めることができるため（これを超過税率といいます）、それぞれ市町村によって税率に差異がありますので注意が必要です。なお、東京

第2章 勘定科目はこう見る！

都の特別区（23区）内のみの法人に関しては、特別区全体で一地方団体を構成するためどこの区であっても税率が同率であること、またそのため「都民税」「区民税」のように区別をする必要がなく、一括して「法人都民税」として扱われることに注意が必要です。

　均等割額は、法人の課税所得に関係なく課税されますが、「法人税、住民税及び事業税」に含めて処理することになっています。

図表2-21　法人都民税（2016年4月末現在）

（1）法人税割

都民税法人税割の税率表		
区分	税率（％）	
	不均一課税適用法人の税率 （標準税率）	超過税率
23区内に事務所等がある場合	12.9 （道府県民税相当分3.2＋市町 村民税相当分9.7）	16.3 （道府県民税相当分4.2＋市 町村民税相当分12.1）
市町村に事務所等がある場合	3.2	4.2

　現在、都では、法人税割の超過課税を実施しており、あわせて資本金の額（又は出資金の額）が1億円以下で、かつ法人税額が年1,000万円以下の法人は、標準税率となる不均一課税を行っています。
　都と他の道府県又は都の23区と都内の市町村との両方に事務所等がある場合は、法人税（国税）の税額を法人の従業者数であん分し、それぞれの税率をかけて法人税割額を算出します。

（2）地方法人税（国税）
　平成26年（2014年）10月1日以後に開始する事業年度から、地方法人税（国税）が創設されました。地方法人税は、法人税の申告義務がある法人が、法人税額（所得税額控除、外国税額控除及び仮装経理に基づく過大申告の場合の更正に伴う法人税額の控除に関する規定を適用しないで計算した法人税の額）の4.4%（税率）を国（税務署）に対して申告納付します。

（3）均等割
　（ア）都内の特別区内のみに事務所等を有する法人の場合
　　　　下記①に従って均等割額を算出し、主たる事務所等の所在地を所管する
　　　　都税事務所に納めます。
　（イ）都内の特別区と都内の市町村に事務所等を有する法人の場合
　　　　下記②に従って均等割額を算出し、特別区分の均等割額は主たる事務所

等の所在地を所管する都税事務所に納めます。市町村分の均等割は各市町村に納めます。
（ウ）都内の市町村のみに事務所等を有する法人の場合
下記③に従って均等割額を算出し、各市町村に納めます。

事務所等が	①都内の特別区内のみの法人		主たる事務所等	従たる事務所等	
	②特別区と市町村にある法人			特別区分	道府県分
	③市町村のみにある法人				道府県分

			特別区内の従業員数	均等割額	
公共法人、公益法人等　など				70,000	50,000	20,000
上記以外の法人	資本金等の額	1千万円以下	50人以下	70,000	50,000	20,000
			50人超	140,000	120,000	
		1千万円超～1億円以下	50人以下	180,000	130,000	50,000
			50人超	200,000	150,000	
		1億円超～10億円以下	50人以下	290,000	160,000	130,000
			50人超	530,000	400,000	
		10億円超～50億円以下	50人以下	950,000	410,000	540,000
			50人超	2,290,000	1,750,000	
		50億円超	50人以下	1,210,000	410,000	800,000
			50人超	3,800,000	3,000,000	

（4）利子割

　都内の金融機関などから支払を受ける利子等に対しては、都民税として利子割が課税されます。利子割は、金融機関などが利子等を支払うときにその額に対し5％の税率で特別徴収し、都へ納めます。

　①非課税
　　外国法人が受け取る利子等、金融機関や公共法人などが受け取る一定の利子等
　②法人税割からの控除
　　特別徴収された利子割については、本店所在地の都道府県に申告する都道府県民税の法人税割から税額控除ができます。控除しきれない額は、還付されるか、未納の地方税などに充てられます。
　　なお、平成28年（2016年）1月1日以後に支払を受けるべき利子等については、都民税利子割は課税されません。これにより、法人税割からの控除の取扱いもなくなります。

4　事業税とは

　事業税とは、都道府県が事業者に対し、事業所得などを課税標準として課す税金です。事業税にも法人事業税と個人事業税がありますが、ここでは法

人事業税のみとりあげることにします。法人事業税には、所得割（所得に税率を掛けて計算される税額）、付加価値割（報酬給与額、純支払利子、純支払賃借料、当期損益の合計に税率を掛けて計算される税額）、資本割（資本金等の額に税率を掛けて計算される税額）があります。資本金の額が、1億円を超える普通法人は外形標準課税の対象となり、所得割、付加価値割、資本割を負担することになりますが、それ以外の法人は、基本的には所得割のみの負担になります。

法人事業税では、次の点を把握しておきましょう。

- 法人事業税は、法人税における事業税の損金算入時期が、原則的には事業税の申告等のあった日の属する事業年度となっていること（特例的に直前事業年度分の未納事業税について、翌事業年度の損金の額に算入することが認められています）（法人税基本通達9-5-1、9-5-2）

- 損益計算書上、所得割については、「法人税、住民税及び事業税」に含めて処理するが、付加価値割、資本割は販売費及び一般管理費の「租税公課」として処理すること

- 貸借対照表上、法人事業税の未払金額は、所得割のみならず付加価値割、資本割もすべて「未払法人税等」として処理すること

また、2008年10月1日以後開始する事業年度から、法人事業税とあわせて地方法人特別税の申告が必要になっています。これにより、法人事業税の税率が下がり、その分、地方法人特別税（国税）が課せられることになりましたが、平成28年度税制改正による地方法人税率引き上げに伴い、地方法人特別税は2017年度に廃止され、法人事業税へ復元されることになります。

東京都の場合は、超過課税を実施しており、あわせて資本金の額（又は出資金の額）と所得の大きさによって異なる税率を適用する不均一課税を行っています。2016年3月末現在、法人事業税の税率は、①標準税率と超過税率どちらを適用するか判定し、②軽減税率不適用法人に該当するかを判定して決まります。

図表 2-22 法人事業税（東京都）

法人事業税の税率表（2016 年 4 月末現在）

区分	法人の種類	所得等の区分			税率(%)			
					2016 年 4 月 1 日から 2017 年 3 月 31 日までに開始する事業年度		2015 年 4 月 1 日から 2016 年 3 月 31 日までに開始する事業年度	
					不均一課税適用法人の税率（標準税率）	超過税率	不均一課税適用法人の税率（標準税率）	超過税率
所得を課税標準とする法人	普通法人、公益法人等、人格のない社団等	所得割	軽減税率適用法人	年 400 万円以下の所得	3.4	3.65	3.4	3.65
				年 400 万円を超え年 800 万円以下の所得	5.1	5.465	5.1	5.465
				年 800 万円を超える所得	6.7	7.18	6.7	7.18
			軽減税率不適用法人					
	特別法人〔法人税法別表三に掲げる協同組合等（農業協同組合、信用金庫等）及び医療法人〕	所得割	軽減税率適用法人	年 400 万円以下の所得	3.4	3.65	3.4	3.65
				年 400 万円を超える所得	4.6	4.93	4.6	4.93
			軽減税率不適用法人					
収入金額を課税標準とする法人	電気・ガス供給業又は保険業を行う法人	収入割			0.9	0.965	0.9	0.965
外形標準課税法人	地方税法第72条の2第1項第1号イに規定する法人〔資本金の額（又は出資金の額）が 1 億円を超える普通法人（特定目的会社、投資法人、一般社団・一般財団法人は除く）〕	所得割	軽減税率適用法人	年 400 万円以下の所得	(0.3)	0.395	(1.6)	1.755
				年 400 万円を超え年 800 万円以下の所得	(0.5)	0.635	(2.3)	2.53
				年 800 万円を超える所得	(0.7)	0.88	(3.1)	3.4
			軽減税率不適用法人					
		付加価値割			—	1.26		0.756
		資本割				0.525		0.315

（参考）東京都主税局 HP（http://www.tax.metro.tokyo.jp/kazei/houjinji.html）

消費税とは

　消費税とは、事業者が国内で行った課税資産の譲渡等を課税対象とする国税で、税率は課税取引額の6.3%です。また消費税額の63分の17（消費税率に換算して1.7%相当）が地方消費税として課税されますので、消費税と地方消費税をあわせた負担率は、8%となります（2016年3月末現在）。なお、消費税と地方消費税をあわせて「消費税等」といいます。

　基準期間における課税売上高が5,000万円以下の事業者は、簡易課税制度を選択することができますが、本書ではもう少し規模の大きな会社を想定しますので、この制度については言及しません。

　また、消費税等の会計処理として、消費税等の額とその消費税等に係る取引の対価の額とを区分して処理する税抜方式と区分しない税込方式があり、法人の任意で選択できることになっていますが、上場企業のほとんどが税抜方式を採用していますので、ここでは税抜方式を前提とします。

　消費税等では、次の点に留意する必要があります。

- 課税資産の譲渡等が課税取引に該当するかどうかの判断が正しく行われているか。免税取引、非課税取引、不課税取引の違いを把握しているか
- 仕入税額の控除は、課税仕入れを行った日、すなわち、資産の譲受けや借受けをした日または役務の提供を受けた日において行っているか（これらの日は原則として、所得税法または法人税法で所得金額の計算をするときの資産の取得の日または費用の計上時期と同じ）。長期前払費用、建設仮勘定、ファイナンス・リース取引に関する仮払消費税の処理に注意が必要
- 課税売上高が5億円超または課税売上割合が95%未満になっていないか。95%未満の場合は、仮払消費税等の額の一部が控除対象外消費税額等としてそのまま残ることになる。この控除対象外消費税等のうち、

　資産に係る控除対象外消費税額等は「長期前払消費税等」もしくは当該資産勘定に含めて資産計上し、期間費用処理する場合は、販売費及び一般管理費の「租税公課」で処理する。消費税法上、土地の譲渡は非課税取引とされているため、土地を売却したときには、十分注意が必要

6 税効果会計

　税効果会計とは、企業会計上の資産または負債の額と課税所得計算上の資産または負債の額に相違がある場合において（これを一時差異といいます）、法人税その他利益に関連する金額を課税標準とする税金（法人税等）の額を適切に期間配分することにより、法人税等を控除する前の当期純利益と法人税等を合理的に対応させることを目的とする手続です。

　たとえば、企業会計上、資産としての価値がないとして評価減した結果、帳簿価額が０になったとしても、税務上はその評価減が認められないケースがあります。すると、会計上は資産０でも税務上は資産が計上されていることになります。この差異を会計上と税務上の利益の違いとして見た場合、会

計上では評価損が計上されることによって利益が減ることになりますが、税務上は評価損が認められていないことによって利益（所得）が会計上より多く計上されることになります。結局、税金（法人税等）は、税務上の利益（所得）を基準として計算されるために、会計上の利益は減っているはずなのに、減る前の利益（所得）に対して税金が計算されることになります。そうすると、会計上の利益に見合わない税金を支払うことになります。この見合わない税金分は、のちにこの評価損が、資産の売却や廃棄などにより税務上の費用（損金）として認められたとき、税金を減らす形で調整される性質を持つものであるため、これを会計的にとらえると、税金をあたかも前払いしたかのような状態になっている、といえます。しかし、このままでは会計上の利益と税金は対応しておらず、前払いしたかのような状態は会計的に表現されていないことになります。

　そこで、会計上の利益と税金費用を対応させて前払いしたかのような状態を表現しようとしたのが税効果会計です。税金費用とは、実際に支払う税金に会計上の利益に対応させるための調整金額（法人税等調整額といいます）を加えたものをいいます。上記の例でいうと、会計上の利益に対し、多く計上された税金を調整するために、貸方（収益）側に調整金額が認識されることになります。そしてこの調整金額の相手勘定として認識されるものが、繰延税金資産です。

　したがって、大雑把な言い方をすると、税効果会計を実施することにより、税引前当期純利益が同額の会社は、基本的に法人税、住民税及び事業税に税効果会計の適用によって計上される法人税等調整額を加えた税金費用がほぼ同額になります（図表2-23）。

　この税効果会計を実施するにあたっては、

● 一時差異

● 法定実効税率

● 繰延税金資産の回収可能性

を理解することが最低限必要です。

図表2-23　税効果会計実施で税金費用が同額になる

	A 社	B 社
税引前当期純利益	1,000	1,000
法人税、住民税及び事業税	10	270
法人税等調整額	290	30
当期純利益	700	700

→ A 社も B 社もこの合計は 300 で同額

7　税金費用に「おかしな数字」がないかどうかは　税率差異分析でわかる

❻で説明したように、基本的には、税引前当期純利益に法定実効税率を掛けると税金費用になるはずです。しかし、実際は交際費などといった一時差異以外の差異（永久差異と一般的に呼ばれています）、課税所得に関係なく課税される住民税の均等割や、繰延税金資産に関する評価性引当額（繰延税金資産のうち、回収可能性がないと考えられる金額）などが存在するため、税引前当期純利益に法定実効税率を掛けたものと損益計算書上計上される税金費用とは一致しません。

重要な点は、この差になっているものが何かを分析することです。この差異を分析した結果、不明な差異が残った場合は、税金計算（つまり法人税等）に誤りがあるか、繰延税金資産の計上（つまり法人税等調整額）に誤りがある可能性があります。

ただ実務においては、この差異分析を行って1円まで説明をつけるということが難しいことも少なくありません。一般的には、次頁図表2-24のよう

179

第2章 勘定科目はこう見る！

な形式で差異（率）を分析することで十分です。

図表2-24では、不明差異率が0.2%となっています。これを税額にすると、10,000×0.2%で20となります。この金額を大きいとみるかどうかで、さらに調査を行うかどうかを決定することになります。一般的には、0.2%程度の不明差異であれば、税金費用に重要な「おかしな数字」はないとして考えても問題はないでしょう。

図表2-24　税率差異分析表（例）

（例）税引前当期純利益　10,000 …………①
　　　法人税、住民税及び事業税　2,600…②
　　　法人税等調整額（借方）　500 ………③
　　　当期純利益　6,900
　　　法定実効税率　30%

	金額(a)	実効税率(b)	税額(c) =(a)×(b)	差異率(d) =(c)÷(a)
税引前当期純利益	①10,000	30%	3,000	30%
【永久差異】				
●交際費	200	30%	60	0.6%
【評価性引当額増減額】				
●期首残高－期末残高			10	0.1%
【課税所得に関係なく 課税される税額】				
●均等割			20	0.2%
【実効税率と実際の 税率との差異】				
●事業税の不均一課税分			△10	△0.1%
【その他】				
●端数				
●クッション				
合　計			3,080	30.8%
不明差異			20	0.2%
税金費用			②2,600＋③500	31%

実際税金費用負担率

また、税率差異を分析する際に便利な資料は、「税金関係勘定科目推移表」

です（図表2-25）。これは、損益計算書における法人税、住民税及び事業税勘定と貸借対照表における未払法人税等勘定の推移に整合性が保たれているかどうかを確認するためのものです。

図表2-25　税金関係勘定科目推移表（例）

※カッコは貸方残

		貸借対照表						損益計算書				
		未払法人税・地方法人税	未払住民税	未払事業税・地方法人特別税			合計	法人税	住民税	事業税	計	租税公課（販管費）
				所得割	所得割以外	計						
3/31	期首残高	(375,101)	(77,832)	(94,575)	(8,250)	(102,825)	(555,758)				0	
5/31	確定納付（法人税）	375,101				0	375,101				0	
5/31	確定納付（都民税）		77,832			0	77,832				0	
5/31	確定納付（事業税）			94,575	8,250	102,825	102,825					
11/30	中間納付					0	0				0	
3/31	源泉所得税	345				0	345				0	
3/31	期末計上	(450,000)	(91,200)	(110,000)	(5,430)	(115,430)	(656,630)	450,000	91,200	110,000	651,200	5,430
	計	(449,655)	(91,200)	(110,000)	(5,430)	(115,430)	(656,285)	450,000	91,200	110,000	651,200	5,430

この表を作成すると、主に次のようなことが明確になります。

● 期首の未払法人税等と当期の確定納付額に差異があるかどうか

● 未払法人税等に影響しないで法人税、住民税及び事業税が計上されているものがあるかどうか

● 法人税等の更正、決定等による追徴税額や還付税額が含まれていないかどうか

　以前、ある会社の税率差異分析を行ったときのことです。どうしても不明差異の原因を詰め切れず、そもそも損益計算書の法人税、住民税及び事業税もしくは法人税等調整額の金額自体が違うのではないかと考え、税金勘定を分析することになりました。すると、法人税、住民税及び事業税のなかに、過年度の法人税が含まれていた（当期に追徴税が発生していた）のです。この

第2章 勘定科目はこう見る！

追徴税額の金額に重要性がある場合は、「過年度法人税等」という勘定科目で、法人税、住民税及び事業税とは別計上する必要がありますので、注意が必要となります。

　実際に、このケースでもその金額から重要性があると考えるのが妥当であり、当期の法人税とは別計上すべきものでした。

　また、このようなケースでは、税務調査において何らかの指摘を受けて追徴税額が発生していた可能性があることにも注意が必要です。

POINT

① 税金や税効果の概要を押さえておくと、税金関係の勘定科目に含まれる「おかしな数字」を見抜きやすくなる。

② 法定実効税率と税金費用負担率との税率差異を分析することで、税金費用（法人税、住民税及び事業税＋法人税等調整額）が正しく計上されているかのチェックができる。

CASE STUDY

税金関係勘定科目推移表の「おかしな数字」～差異が生じたとき

Q 以下の税金関係勘定科目推移表を見て、「おかしな数字」を指摘してみてください。

【税金関係勘定科目推移表】

		貸借対照表						損益計算書				
		未払法人税・地方法人税	未払住民税	未払事業税・地方法人特別税			未払法人税等合計	法人税	住民税	事業税	計	租税公課(販管費)
				所得割	所得割以外	計						
4/1	期首残高	5,000,000	700,000	1,500,000	128,000	1,628,000	7,328,000				0	
5/31	確定納付	(4,027,900)	(674,300)	(1,469,000)	(128,000)	(1,597,000)	(6,299,200)				0	
	源泉所得税										0	
:	:	:	:	:	:	:	:	:	:	:	:	:
3/31	計上	5,000,000	600,000	1,000,000	128,000	1,128,000	6,728,000	(5,000,000)	(600,000)	(1,000,000)	(6,600,000)	128,000
3/31	期末残高	5,972,100	625,700	1,031,000	128,000	1,159,000	7,756,800	(5,000,000)	(600,000)	(1,000,000)	(6,600,000)	128,000

A 未払法人税等の期首残高と納付額の差異1,028,800円

　未払法人税等の期首残高7,328,000円に対し、納付額は6,299,200円になっていますが、差額の1,028,800円はそのまま期末残高に繰り越されています。

　この差額が発生した原因は何でしょうか。前期の決算確定後、税務申告時に誤りが発見され決算を修正しなかったのでしょうか。それとも、税務申告時に誤りが発見されることを見越して、あらかじめ余分に未払法人税等を計上しておいたのでしょうか。「おかしな数字」としてこの差額に着目します。

　この差額は、未払法人税等に含めたまま残しておくことは適切ではなく、当期に

おいて下記のような処理が必要です。

●差額が僅少な場合

　　当期の「法人税、住民税及び事業税」に含めて表示しても問題ないとされています。

●差額が多額の場合

　　たとえば、税引前当期純利益に占める割合が高いような場合には、当期の「法人税、住民税及び事業税」に含めて表示するのは適切ではありません。「過年度法人税等」などと別掲する必要があります。

　　なお、多額の差額が生じた場合は、当期に「過年度法人税等」として処理するだけでは済まず、「会計上の変更及び誤謬の訂正に関する会計基準」に従い、遡及して前期の未払法人税等を修正するといった処理が必要となる可能性があります。

14 貸借対照表に表れるか
偶発債務

 偶発債務とは何か

　まず、偶発事象について考えてみます。偶発事象とは、利益または損失の発生する可能性が不確実な状況が貸借対照表日（決算日）現在、既に存在しており、その不確実性が将来事象の発生することまたは発生しないことによって最終的に解消されるものをいいます。

　このような偶発事象は偶発利益と偶発損失とに分類されます。偶発利益については特にわが国の会計基準上、規定はありませんが、保守主義の観点から資産計上されることはありません。しかし、偶発損失はその発生の可能性の程度および金額の見積りの可能性によって、引当金として認識されることがあります。

　偶発損失に対応する債務が偶発債務です。具体的には、手形割引・裏書による償還義務、債務保証および保証類似行為、訴訟事件に係る損害賠償義務、将来事業の負担となる可能性のある各種の契約等、デリバティブ取引などのように、まだ現実の債務ではありませんが、将来一定の条件を満たすような事態が生じた場合に債務になるものです。

　なお、偶発債務は、引当金として計上される場合以外は、財務諸表の注記として記載されることになります。

偶発債務が引当金として計上されるとき

　偶発債務は、引当金の要件を満たすことになると、引当金として計上する必要があります。実務上の問題は、どれくらいの発生可能性があれば要件を満たすことになるのか、またどれくらいの精度で金額が見積もられれば合理的といえるのか、という点です。

　発生可能性については、企業会計原則注解18では「発生の可能性が高く」としか表現されていません。また「負債性引当金等に係る企業会計原則注解の修正に関する解釈指針」（企業会計審議会）でも、「発生の確率がかなり高い」との解説がなされているだけです。これ以上の公式なルールが存在していないため、あとは会社としての具体的な基準を準備するしかありません。

　金額の合理的な見積りについても、会計基準には詳細に述べられてはいません。この合理的な見積り方法についても、会社としてあらかじめ定めておくのが望ましいでしょう。

図表2-26　偶発債務への会計上の対応：債務保証損失引当金の場合

		損失金額の見積りの可能性	
		可能な場合	不可能な場合
損失発生の可能性の程度	高い場合	●債務保証損失引当金を計上	●債務保証の金額を注記 ●損失の発生の可能性が高いが損失金額の見積りが不可能である旨、その理由及び主たる債務者の財政状態等を追加情報として注記
	ある程度予想される場合	●債務保証の金額を注記 ●損失発生の可能性がある程度予想される旨及び主たる債務者の財政状態等を追加情報として注記	●債務保証の金額を注記 ●損失発生の可能性がある程度予想される旨及び主たる債務者の財政状態等を追加情報として注記
	低い場合	●債務保証の金額を注記	●債務保証の金額を注記する

① 合理的な見積り —— 適正な手続のルール化

とはいえ、発生可能性および合理的な見積りについて、会社としてルールを作るといっても、量的境界線を設定するようなルールを作ってしまうと、逆に経済実態を表現しなくなってしまうことがあります。たとえば、「発生可能性が80％以上の場合、発生の可能性が高いと判断し……」や「誤差5％以内の見積りが可能なものについて、合理的な見積りと判断し……」などのルールは、現実的に運用可能なものになるとは考えられません。そこで、適正な手続で行われた判断や見積りを会計基準に準拠したものとすることによって、実務を行うものとするのが、現実的な正しい対応といえるかと思います。

では、どのように適正な手続をルールとすればよいでしょうか。会計基準ではありませんが、日本公認会計士協会から提供されている「会計上の見積りの監査」（監査基準委員会報告書540）が参考になります。この委員会報告では、監査人である公認会計士が経営者の行った見積りが合理的であるか否かを確認するための監査手続について述べられています。したがって、会社の立場からは、この監査手続を参考にしてルールを作るのがよいでしょう。

委員会報告によると、経営者が行った会計上の見積りの方法が合理的かどうかについて、次のような手続により検討することになっています。

● 仮定の適切性、情報の適切性および計算の正確性を検討する
● 実施可能な場合、過年度の見積りと実績とを比較する
● 会社の承認手続を検討する

② 適正な手続とは —— ルール化のポイント

　これを手がかりに、会社としてルール化すべきポイントを考えていくと、主に次のような手続を取り決めておくのが適切ではないかと考えられます。
- 見積り方法によって算定される見積額と過年度の実績を比較し、その差異分析を実施することによりその見積り方法の精度を確認し、近似していないようであれば見積り方法を見直す手続
- 見積もる際に利用する情報をどのように網羅的に入手するか、ある程度決めておくことにより情報の正確性や信頼性がある程度確保され、見積り担当者の恣意性が介入しないようにする手続
- 見積りを行うに当たっての、役職者の権限規程に基づく査閲と承認が行われる手続

発生可能性および合理的な見積り自体をルールで定義付けるのは難しいかもしれません。しかし、このように適正な手続・仕組みを構築し、この手続・仕組みから出された判断は、発生可能性および合理的な見積りの要件を満たした適正なものであると考えることができれば、ルールを作ることができます。そうすれば、ルールとして定められた手続・仕組みがどのようなものか見極めることによって、偶発債務が発生可能性および合理的な見積りの要件を満たしているか、つまり引当金として計上しなければならないのかの判断が適正に行われているかどうか、把握することができます。

要するに、適正な手続がルール化されているかどうかが、偶発債務に「おかしな数字」が含まれていないかを見抜く手がかりになるということです。

なお、こうした見積りの考え方については、第3章 **4** も参照してください。

POINT

① 見積りの方法をルール化しておくことは重要である。ルール化のポイントとしては、

- 見積額と過年度の実績の差異分析
- 見積もる根拠となる情報を網羅的に入手する手続
- 役職者の権限規程に基づく査閲と承認が行われる手続

などである。

② ルール化された適正な手続・仕組みから出された判断は、発生可能性および合理的な見積りについて正しい答えを導き出す。このような手続・仕組みが存在しなければ、偶発債務に「おかしな数字」が含まれている可能性がある。

CASE STUDY

偶発債務の「おかしな数字」〜引当金を計上すべきか否か

以下の取締役会議事録および損害賠償引当金検討資料を見て、「おかしな数字」を指摘してみてください。なお、当社は3月決算とします。

【資料①】取締役会議事録

開催日：平成28年3月31日
(途中省略)
報告　訴訟提起に関する報告の件
　議長の指名により、取締役山田太郎から下記のとおりの訴訟の提起が株式会社ABCよりあった旨の報告があった。
　1. 訴訟提起日　　　平成28年3月1日
　2. 管轄裁判所　　　東京地方裁判所
　3. 原告　　　　　　(住所) 東京都渋谷区○○○
　　　　　　　　　　(氏名) 株式会社ABC　代表取締役　鈴木次郎　氏
　4. 請求の趣旨及び原因
　　　当社が同社に平成27年11月中に販売した製品についての不具合につき製造物責任に関する損害賠償請求（請求額1億円）を東京地方裁判所に提訴した模様。当社としては、当該不具合につき営業部および技術部にて既に対応済みであり、当該案件につき解決済みとの判断でいたが、同社は補償不十分の考えである。
　5. 対応処置　　　顧問弁護士田中三郎氏を訴訟代理人に選任、応訴することとした。

【資料②】損害賠償引当金算定資料（抜粋）

株式会社ABCが損害賠償請求を東京地方裁判所に提訴した事実を受けて、当社としてはこれに備えるため、当期決算で損害賠償引当金を1億円計上することとした。なお、損害賠償引当金繰入額は特別損失として、損害賠償引当金は固定負債として表示するものとする。

現段階で損害賠償引当金を1億円計上しなければならないか。

引当金の定義から考えると、訴訟が当期以前の事象に起因しており（訴訟の原因となる製品不具合が当期以前に発生しており）、敗訴により損害賠償金を支払う可能性が高く、その金額を合理的に見積もることができる場合には、損害賠償引当金を認識することになると考えられます。

取締役会議事録をみると、当社は同社の提訴内容に不服を唱えており、応訴する構えを示していることから、敗訴し損害賠償金を支払うことを会社として想定していないことが分かります。

　敗訴または支払を伴う和解が確定しない場合であっても、裁判のいずれかの段階で敗訴した場合には、一般的には損害賠償金を支払う可能性が高まっていると考えられますが、まだ先方から訴訟が提起された現段階では、明らかに会社に分が悪く和解する可能性が高いような場合でなければ、引当金の要件（発生の可能性が高い）を満たしているとはいえないと考えられます。

　したがって、現段階では損害賠償引当金を1億円計上しなければならない状況にはないと考えられます。

【参考】重要な係争事件

　有価証券報告書の経理の状況において、重要な係争事件に係る賠償義務その他現実に発生していない債務で、将来において事業の負担となる可能性のあるものが存在する場合には、その内容および金額を注記しなければなりません（財務諸表等規則第58条）。また、将来において事業の負担となる可能性の有無にかかわらず、営業その他に関し重要な訴訟事件等があるときは、その概要を記載する必要があります（「企業内容等の開示に関する内閣府令」第3号様式記載上の注意（46）その他c、第2号様式記載上の注意（66）その他e）。

　なお、会社計算規則においても、貸借対照表等に関する注記として、重要な係争事件に係る損害賠償義務その他これらに準ずる債務（負債の部に計上したものを除く）があるときは、その内容および金額を注記することが求められています。

15 対応関係が常に重要
売上高・売上原価

 売上の認識基準

　現在の日本における売上計上基準は、原則的には実現主義が採用されています。実現主義とは、(1)財貨または役務が提供されること、および(2)確定した対価を貨幣性資産（現金預金、受取手形、売掛金など）で受け取ることの2つの要件を満たしたとき、収益を認識するものです。

　一方、売上原価は、実現主義により収益を確定し、次に発生した費用のなかからこの確定した収益を獲得するのに要したものを抽出することで認識します。

　商品を販売し、実現主義に基づき売上を認識したとします。すると、この売上に対応した費用は何か、ということになります。売上に対応した費用とは、相手先に売り渡した商品の取得原価がこれに該当します。実際は、商品以外にも販売するためにかかった販売費及び一般管理費がありますが、こうした費用は商品というモノに個別対応させて認識するのではなく、期間に対応させて認識した費用と考えられます。

　このように、売上と売上原価は、棚卸資産を通じて個別に収益と費用が対応しています。売上高と売上原価に「おかしな数字」が含まれていないかどうか調べるためには、この収益と費用が適切に対応しているかどうか、に留意して検討する必要があるということです。

2 売上総利益率の比較

　売上が計上されているにもかかわらず、売上原価が計上されていないということを確認する方法として、何が一番適当でしょうか。それは、「売上総利益率（粗利率）」を確認することです。会社は、どの商品、サービスが儲かっているか、利益率が良いか、必ず管理しているはずです。その管理資料を利用しながら、売上原価の計上漏れを見抜くのです。もし、販売システムから、たとえば、商品種類別の売上・売上原価・売上総利益率のデータをアウトプットすることが可能であれば、これに目を通し、基準以下の売上総利益率になっている商品はないかどうか確認することにより、商品勘定から売上原価への振替漏れがないかを発見するきっかけとなります。

図表2-27　売上・売上原価対応表

商品・製品	売上高	売上原価	売上総利益	売上総利益率
A商品	10,000	8,000	2,000	20.0%
B商品	5,000	500	4,500	90.0%
C製品	5,000	4,900	100	2.0%
⋮	⋮	⋮	⋮	⋮

　図表2-27の例で考えてみます。A商品、B商品、C製品の予算上（見込み）の売上総利益率は、それぞれ18％、20％、15％であったと仮定します。それと比べてみるとB商品とC製品の売上総利益率と著しくかい離していることがわかります。B商品では、売上原価が過少となっていると考えられるため、ある注文につき売上計上したものの、商品から売上原価への振替忘れが起こっている可能性があります。一方のC製品ですが、売上原価が非常に大きくなっており、この利益率では販売費及び一般管理費を回収することができません。別の製品へ計上すべき原価を、誤ってC製品の製造原価と

して集計してしまったのかもしれません。

このように、売上と売上原価を案件で対応させ、確定した売上に対応した売上原価が適切に計上されているかどうかについては、案件別に売上総利益率をレビューすることによって、売上原価に「おかしな数字」が含まれていないかがわかるようになります。過年度からの案件別売上総利益率推移を見るのも有効でしょう。

なお、図表2-27の「売上・売上原価対応表」が正しく作成されているかどうかの確認方法については、第3章 **2** を参照してください。

 ## 売上認識に誤りはないか

売上原価の計上漏れがないかどうかを確認する方法として、案件別に売上総利益率をレビューすることが効果的であることはわかりました。しかし、その前提として、「売上の計上時期は適切か」ということが問題となります。たとえば本当は3月に売上計上してはいけないものを3月に計上し、それに対応する売上原価を同時に計上していた、というのでは当然問題ですし、売上原価計上漏れを調べる以前の問題です。本当に売上計上してよい時期はいつかが重要になるということです。

① どの売上基準が妥当か —— さまざまな計上基準

売上計上基準は実現主義に基づくものであり、具体的には、次頁図表2-28のようなものがありますが、なかには実現主義の原則の例外となるような基準も含まれていますので注意が必要です。

実務においては、売上がいつ認識されるのかということは非常に重要では

図表 2-28　売上計上基準の種類（例）

出荷基準	商品等の出荷時に売上を認識する計上基準
検収基準	商品等の納入先が検収した時点で売上を認識する計上基準
仕切精算書到達基準	委託販売における計上基準
買取意思表明基準	試用販売における計上基準
引渡基準	予約販売における計上基準
回収期限到来日基準	割賦販売における計上基準
入金日基準	
工事進行基準（原則）	長期の工事請負契約における計上基準
工事完成基準	

あるのですが、運用上難しい問題も多く存在します。たとえば、そもそも何を販売したときに出荷基準が妥当といえるのか、どのような場合に検収基準を採用する必要があるのかという問題です。

実現主義の原則の趣旨に鑑みると、理論的には得意先に商品等が納入され、先方が納入された商品等に問題がないことを確認した時点（検収時点）で、売上を認識すべきです。しかし、実務において、わざわざ検収が終了したことの連絡を待って売上を認識することは、手間と時間とコストがかかり、現実的ではありません。そこで、商品等を出荷した後、比較的短期間で得意先が検収してくれることを前提に、出荷基準で売上計上することが、現実には行われています。そのため、出荷後、得意先が検収が完了するのに時間を要するようなものを販売した場合は、先ほどの前提から外れますので、原則通り検収基準を採用すべきと考えられます。たとえば、得意先仕様の商品等や試運転・動作確認等を要する機械等を販売した場合については、出荷後検収まで時間を要するものである、と考えられます。

❷ 売上計上日の根拠となる資料は何か ── 売上計上基準に則した資料

適切な売上計上基準が選択されたとして、次に実務上重要になるのは、売

第2章 勘定科目はこう見る！

上を、いつの日付で計上するかということです。出荷基準を採用した場合、出荷をした時点で売上を計上することになります。では、その出荷の事実を示す資料は何になるのでしょうか。一般的には、出荷伝票の出荷日をもって売上計上日とすることが多いかと思います。それでは、検収基準ではどう考えればいいのでしょうか。一般的には検収書を入手し、その検収日をもって売上計上日とすることが多いでしょう。

重要なことは、「何が売上計上日の根拠となっているか」を理解することです。実務でよく見られるのは、ある資料のある日付が何を意味しているのか理解しないまま、その資料を根拠として、売上計上してしまうことです。

実際に起こったケースですが、経理担当者によって、同じ資料を売上計上の根拠としていたにもかかわらず、売上計上日として採用した日付が違っていたということがありました。ある担当者は、検収書の発行日付が検収日と考えていたのに対し、別の担当者は、検収日を確認して担当者が押印した日付をもって検収日としていたのです。

このように売上計上基準として適切な基準を採用しているかどうかを確認することと、その売上計上の根拠になる資料と日付が明確になっているかということが、非常に重要なポイントになるのです。

POINT

① 実現主義に基づいて計上された売上に対応し、漏れなく売上原価が計上されているかを確認するためには、案件別に売上総利益率の前期比較を行ってみる。

② 売上計上日の根拠となる資料を確認する。

CASE STUDY

売上・売上原価対応表の「おかしな数字」〜ありえない数字

Q 以下の売上・売上原価対応表を見て、「おかしな数字」を指摘してみてください。なお、損益計算書の売上高は、2,280,456,300円、売上原価は、1,684,180,000円です。

【売上・売上原価対応表】　　　　　　　　　　　　　　　（単位：円）

商品・製品	売上高	売上原価	売上総利益	売上総利益率
A 商品	2,340,000	1,829,000	511,000	21.8%
B 商品	1,453,000	108,000	1,345,000	92.6%
C 製品	5,437,600	4,389,000	1,048,600	19.3%
D 製品	1,878,900	2,357,000	−478,100	−25.4%
︙	︙	︙	︙	︙
計	2,278,456,300	1,682,680,000	595,776,300	26.1%

A 次のポイントに気を付ける必要があります。

① D製品売上総利益率　−25.4％、売上総利益　−478,100円

　通常、売上総利益（率）がマイナスになるような販売の仕方はしません。売れば売るほど利益が減ってしまうからです。マイナスになっても販売する意味があるとすれば、D製品単位当たりの限界利益（＝売上高−変動費）がプラスになり、固定費を回収することができる場合が考えられます。他にもD製品の販売を継続する意味があるかどうか、この点をまず確認する必要があります。

　次に、本当に売上総利益（率）がマイナスなのか確認する必要があります。つまり、D製品の売上計上漏れがないか、D製品以外の売上原価が誤って含まれていないか、などの点を調査するということです。

また、売上総利益率がマイナスということは、前期においてD製品の収益性は既に低下しており、前期末にD製品の評価減をしておかなければならなかったのではないか、ということも考える必要があります。もし、そのような事実があれば、前期の決算は「おかしな数字」を含んでいたということになります。

②　売上・売上原価対応表と損益計算書の不一致

　売上・売上原価対応表の売上高は2,278,456,300円、売上原価は1,682,680,000円に対し、損益計算書の売上高は2,280,456,300円、売上原価は1,684,180,000円となっており、差異が売上高2,000,000円、売上原価1,500,000円あります。

　つまり、売上・売上原価対応表に記載されていない販売が、存在する可能性があるということです。もしかすると、損益計算書の方が間違っているかもしれません。差異原因を調査する必要がありますが、このように帳簿上の数字と管理資料上の数値の一致を確認することで「おかしな数字」を発見するきっかけにもなります。

16 その経費は正しく表現されているか
販売費及び一般管理費

 販売費及び一般管理費の性質

　会社は収益を得るためにさまざまな費用を支出します。原価性のある費用は売上原価ですが、これ以外に、販売費及び一般管理費があります。英語で"Selling, General and Administrative expenses"というため、"SGA（エスジーエー）"と呼ぶこともあります。ここでは以下、省略して「販管費」と呼ぶことにします。販管費は、販売活動に伴って発生する「販売費」と、企業の全般的管理のために発生する「一般管理費」とから成ります。まず一番に押さえておきたい点は、販売費は販売に伴い増減する費用、つまり変動費であるケースが多く、一般管理費は販売が増減しても直ちには影響を受けない固定費であるケースが多いということです。一般管理費も売上が伸びることによって、たとえばスタッフを増やさなければならなくなり、スタッフの給与が増加するということはもちろんあります。しかし、売上が増減することが即一般管理費の増減につながることにはならない、ということです。

　販売費には、たとえば販売手数料、荷造費、運搬費、広告宣伝費、見本費、販売員・営業担当者の給与、手当、賞与、福利厚生費など、売上の増減に伴って影響を受けるものが少なくありません。ただし、販売員や営業担当者の給与などは、人件費であるため直ちに増減することがないこともありま

す（人件費を弾力的に増減させることは困難であるため）。

　また現実的には、販売費と一般管理費を完全に区分することは困難です。なぜなら、販売費のなかには販売に伴って直接発生する販売直接費と販売に共通して発生する販売間接費があり、販売間接費と一般管理費との区分が現実的には難しいためです。しかし、ここでは販売、つまり売上高との関係で販管費の発生をとらえることで「おかしな数字」を見抜くきっかけとする方法を見ていきましょう。

売上高の動きと合わせてみる

　たとえば、売上高が対前期比で10％増加したとすれば、販売費も10％程度増加していると考えるのが妥当です。もちろん、現実的には、経費節減やスケールメリット等の影響で、単純に同率で増加していることは稀ですが、重要なのは、おおむね同方向で増加しているかということです。

　もし、8％の増加であれば、「なぜ売上の増加率以下に抑えられたのか」という視点で販管費を調べることが必要です。15％の増加であれば、「何か特殊な要因で、多額の販管費を負担せざるを得ない状況になったかもしれない」「売上規模増大で固定費が増加したのではないか」などという視点で販管費をとらえることができます。

　そのなかでも特に気を付けなければならないのは、売上高が増加しているにもかかわらず、逆に減少しているような動きを見せている販売費です。またそのような場合、同様に一般管理費にも気を付けなければなりません。さらに、これら販管費が、そもそも販管費として正しい勘定科目で計上されているのかという視点も必要になります。

① 売上高と逆方向に変化したケース —— 人件費のケース

　ある会社で、売上高が増加しているにもかかわらず、販管費の従業員給与が減少していることがありました。初めに考えたのは、退職者の存在です。従業員の退職があったにもかかわらず、新規採用がなければ給与は減少します。しかし、退職者はいませんでした。次に考えたのは、残業代の減少です。人事で把握している残業時間データを確認したところ、総残業時間もそれほど変化はありませんでした。そのほか、当然ながら給与規程等の改定の有無も確認しましたが、給与が減少する原因となりそうな事象の発生は認められませんでした。では、何が原因なのでしょうか。

　従業員給与には、販管費で処理されるものと製造原価で処理されるものがあります。製造原価で処理される従業員給与というのは、たとえば工場で勤務し製造に携わっている人の給与がこれに該当します。モノ作りに係る給与、つまり労務費は、原価計算手続を経て棚卸資産である仕掛品、そして製品として計上されることになります。棚卸資産に計上されるということは、費用として計上されないということです。費用として計上されないということは、利益が増えるということです（図表2-29）。つまり、販管費と製造原価の給与の合計額が同じだとしても、製造原価に集計された給与は、販売さ

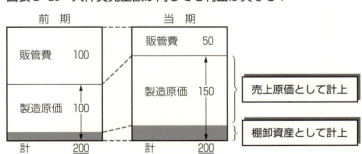

図表2-29　人件費発生額が同じでも利益は異なる！

れて売上原価として計上されたものを除き棚卸資産として計上されるため、費用にならないものがあるということです。

② 販管費と製造原価の比率の変化に着目する —— 合理的な理由の有無

　この会社では、販管費として計上する従業員給与を一部製造原価として処理することによって、利益を出そうとしていました。販管費の従業員給与が減少したのは、製造原価に付替えていたためだったのです。
　この会社の場合、販管費の従業員給与を製造原価に付替えたのは、「利益を増やす」という目的のためであり、ほかに何も根拠がない状態であったということが問題でした。もちろん、実務では管理部門の従業員を製造部門へ異動させ、生産能力を増強させることはありえます。この場合は、販管費から製造原価に振替えられるということにまったく問題はありません。

販管費と製造原価の割合の推移に気を付ける

　先ほどの例からもわかるように、販管費はそれだけに着目していても、「おかしな数字」に気付くことはできません。そこで製造原価とあわせて検討する必要がでてくるわけです。その検討方法ですが、販管費と製造原価の比率の推移を見てみるとよいでしょう。

　たとえば、トヨタ自動車の場合は以下のような比率となり、

*
	09年3月期	10年3月期	11年3月期	12年3月期	13年3月期
販管費	19.1%	18.3%	18.4%	18.7%	19.3%
製造原価	80.9%	81.7%	81.6%	81.3%	80.7%

※販 管 費：損益計算書の給料賃金・手当と退職給付費用を合計した数値を使用
　製造原価：製造原価明細書の労務費を使用

　日産自動車では、

*
	09年3月期	10年3月期	11年3月期	12年3月期	13年3月期
販管費	23.8%	24.2%	23.0%	26.7%	26.9%
製造原価	76.2%	75.8%	77.0%	73.3%	73.1%

※販 管 費：損益計算書注記の販売費及び一般管理費の内訳の給料手当＋退職給付費用を使用
　製造原価：製造原価明細書の労務費を使用

＊2014年3月期以降は、有価証券報告書の単体開示の簡素化が図られ製造原価報告書が非開示となったため、労務費の情報が外部から得られなくなりました。

という比率になっています。

　このように5年間の推移を見てもわかるように、販管費と製造原価の比率はほぼ一定であり急激に変化するものではないことがわかります。この比率が大きく変わることがあったならば、管理部門と製造部門の従業員数に変化があったかどうかなど、原因を詳細に分析することにより、「おかしな数字」

がないかどうかを発見することができます。

　なお、従業員給与は、販管費や製造原価に含まれるだけではなく、販管費のなかの研究開発費のなかに含まれるものがあります。したがって、会社で発生している従業員給与の総額を把握しようと思えば、一般的には販管費の従業員給与、販管費の研究開発費に含まれる従業員給与、製造原価に含まれる従業員給与を合計する必要があるということになります。

 正しい勘定名で経費が表現されているか

　販管費はそのなかにさまざまな内容の費用が含まれています。販管費の内訳としてどのような勘定科目を使用すればよいかについては、ある程度会社の判断に任されていますが、その内容に応じ、適切な勘定科目が使用されていれば、上記のように、売上高の推移とあわせた分析も行いやすく「おかしな数字」を発見しやすくなります。

POINT

　販管費に「おかしな数字」が含まれていないかどうかは、売上高の動きに対してどのように増減しているかに着目したり、販管費と製造原価の比率の推移を見たりするとよい。そのためには、正しい勘定科目で販管費が表現されているかにも留意する。

CASE STUDY

月次推移表の「おかしな数字」〜売上高推移との連動しない費用

 以下の月次推移表を見て、「おかしな数字」を指摘してみてください。

【月次推移表】

勘定科目	4月度 10月度	5月度 11月度	6月度 12月度	7月度 1月度	8月度 2月度	9月度 3月度	上半期計 下半期計	当期残高 (合計)
売上高	1,000 1,700	1,500 1,500	1,600 2,000	1,600 1,800	1,500 1,600	1,800 1,800	9,000 10,400	19,400
売上原価	600 1,050	900 900	1,000 1,200	1,000 1,100	900 1,000	1,100 1,000	5,500 6,250	11,750
売上総利益	400 650	600 600	600 800	600 700	600 600	700 800	3,500 4,150	7,650
役員報酬	50 50	50 50	50 50	50 50	50 50	50 50	300 300	600
給料手当	150 150	145 145	142 155	145 150	140 145	150 150	872 895	1,767
法定福利費	20 20	19 19	18 20	19 20	18 19	20 20	114 118	232
福利厚生費	10 10	10 10	10 10	10 10	10 10	10 10	60 60	120
採用教育費	4 1	3 1	1 2	0 0	0 2	0 0	8 6	14
荷造運賃	10 17	15 15	16 20	16 18	15 16	16 15	88 101	189
広告宣伝費	2 0	3 0	0 3	0 0	0 0	0 0	5 3	8
交際費	4 0	2 0	2 2	0 1	0 0	0 1	8 4	12
会議費	2 1	1 1	1 2	1 1	1 1	1 1	7 7	14
旅費交通費	12 15	13 14	14 17	14 15	12 14	14 13	79 88	167
通信費	2 2	2 2	2 2	2 2	2 2	2 2	12 12	24
消耗品費	1 1	1 1	0 1	0 1	1 0	1 1	4 5	9
事務用品費	2 1	1 0	0 0	0 1	0 0	1 2	4 4	8
⋮	⋮	⋮	⋮	⋮	⋮	⋮	⋮	⋮

Ⓐ ## 売上高と荷造運賃の3月度の数値

変動費は売上に連動して発生する費用であるため、変動費と考えられる荷造運賃は、売上高推移に連動すると考えられます。そこで荷造運賃の売上高に占める割合をみると、4月度から2月度までの割合は一定であり、推移は整合していると考えられます。しかし、3月度はこの割合が他の月と異なり、低くなっています。

考えられる背景としては、

・3月度の荷造運賃に計上漏れがあるのではないか

・3月度の売上高が過大なのではないか

ということです。

こうした計上漏れや過大計上の原因を調べる必要がありますが、収益・費用の期間帰属の誤りをまず疑いましょう。たとえば、荷造運賃であれば3月期に計上すべき請求書が翌月処理になっているのではないか、売上高であれば翌月に計上すべき売上高が3月度のものとして処理されているのではないか、ということです。

期間帰属の適正性を検討した後は、荷造運賃がまったく認識されていないか、売上高が架空計上されていないか、ということを調査することになります。もし故意にこれらのことが行われていたとすれば、それは単なる誤謬（ミス）ではなく不正ということになり、悪質であることは言うまでもありません。

17 「その他」に何が含まれるのか
営業外収益・費用

 「営業」と「営業外」

　営業外収益・営業外費用でいうところの「営業外」とは、主要な営業活動外の活動という意味で、付随的な営業活動も含んでいます。営業外収益には、受取利息、有価証券利息、受取配当金、仕入割引などが、営業外費用には、支払利息、社債利息、売上割引などがあります。つまり金融関係の収益、費用がここに含まれることになります。この金融関係の収益および費用も、企業の営業活動においては非常に重要な営業取引です。しかし会計的には、一般の事業会社は、金融取引は主要な営業活動外ということで「営業外」の取扱いとしているのです。

図表2-30　損益計算書（単体）の利益区分

①	売上高
②	売上原価
③	売上総利益（①－②）
④	販売費及び一般管理費
⑤	営業利益（③－④）
⑥	営業外収益
⑦	営業外費用
⑧	経常利益（⑤+⑥－⑦）
⑨	特別利益
⑩	特別損失
⑪	税引前当期純利益（⑧+⑨－⑩）
⑫	法人税、住民税及び事業税
⑬	法人税等調整額
⑭	当期純利益（⑪－（⑫－⑬））

　また「営業」と「営業外」取引を区分する根拠として、定款における事業目的に留意する必要があります。定款には会社が行う事業の具体的な中身を

記載する必要があります。基本的な考え方としては、この定款の目的に記載されている事業については、会社の営業として行っていると考えることができますが、一方、定款の目的に「前各号に付随する一切の業務」と記載されている箇所に該当するような業務については、「営業外」と判断することも考えられます。

営業外損益に含まれる「その他」に気を付ける

　営業外損益に「その他」もしくは「雑収入」「雑損失」という項目があるときには、その内容に十分な注意が必要です。これは仮払金や仮受金といった「仮」勘定に留意する趣旨と同様で、「雑」勘定にも気を付けなければならない、ということです。

　もし勘定科目が明らかになっている取引であれば、必ず適切な勘定科目を使用し会計処理されているはずです。適切な勘定科目を使用せず、「雑収入」や「雑損失」として処理しているということは、その取引自体に重要性がない場合がほとんどですが、適切な勘定科目がない、もしくは適切な勘定科目を使って処理できない理由があることも推測されます。

　ある会社で雑収入として計上されている項目がありました。雑収入自体はさほど金額の大きな話ではなかったのですが、過年度からの営業外取引の状況を見てきた私はおかしいと思い、経理部長にその雑収入の根拠となる資料を求めたところ、根拠となる資料はないとの回答でした。詳しく理由を聞いたところ、経理部長曰く、「実は私の判断で、A社に融資をしたのです。その貸付金は仮払金として会計処理しています。その貸付金の利息分として受け取ったのが、この雑収入です。もし貸付金として取り扱うと、当然、社内で稟議をとり金銭消費貸借契約書を作成しなければなりません。急いでいた

のもありますが、なんとか早期に対応を図りたかったのです。また会計監査でも貸付金として処理すると、A社に融資した理由等を聞かれることになるため、これも避けたかったのです」とのことでした。

　帳簿上雑収入や雑損失で処理されていても、その内訳明細を作成する場合、具体的に内容を記録する必要があります。しかし、例外として、雑収入・雑損失のなかの「その他」というものもあります。この場合、当該「その他」は取引原因不明もしくはその取引を示す資料もないことが少なくありません。特に雑損失の内訳として「その他」がある場合、税務上も損金として認められないことがあるため、十分内容に留意する必要があります。帳簿上取引相手やその内容を明示できないということであれば、使途秘匿金として全額損金不算入となるだけでなく、通常の法人税に加え、支出額の40％の追加課税が行われることになります。さらに地方税の負担を合わせると、支出額とほぼ同額の税金が課される上、所得ではなく支出額が課税対象になるため、赤字法人でも納税しなければなりませんので、十分留意する必要があります。

　雑収入や雑損失には、そもそも他の勘定に比べ金額には重要性がないからこそ「雑」処理ですんでいるともいえますが、その取引の裏を探ってみると質的に重要性が高い場合もありますので、この「雑」勘定には常に気を配る必要があります。

POINT

　営業外損益の「その他」もしくは「雑収入」「雑損失」という項目があるときには、その内容が見えにくい分、十分注意する必要がある。

CASE STUDY

営業外費用（その他）内訳明細の「おかしな数字」～内容は何?

以下の営業外費用（その他）内訳明細を見て、「おかしな数字」を指摘してみてください。

【営業外費用（その他）内訳明細】 (単位：円)

内訳	金額
固定資産売却損	654,000
寄附金	500,000
現金紛失	10,000
計	1,164,000

次のポイントに気を付ける必要があります。

① 固定資産売却損は、営業外費用で適切か

固定資産売却損益は、原則的には特別項目となります。それは、固定資産の売却は経常的には行われず、その売却損益は多額になるケースが多いためと考えられます。

逆に言えば、経常的に売却されたり（たとえば毎年売買が行われるようなケース）、金額的重要性が低かったり（たとえば当期純利益に対する割合が低いなどのケース）する場合は、営業外損益に含めることもあり得るということです。

この明細の固定資産売却損が生じた取引は、経常的に売却されるような固定資産だったのか、654,000円は金額的重要性が低いといえるものだったのか、検討してみる必要があります。

② 寄附金の内容は何か

　寄附金とは、事業との直接関連性がなく、反対給付を求めず会社が行う、金銭、物品その他経済的利益の贈与または無償の供与をいいます。事業と直接に関連性がないということで、営業外費用として扱われることが多いと思われます。

　しかし、その使途が不明な支出や秘匿金としての性質をもつ支出に該当しないかどうか、注意する必要があります。税務上の問題だけでなく、不正会計や業務上横領といった問題にも発展する可能性があるためです。

③ 現金紛失は営業外費用か

　現金を紛失するという事象の発生は、経常的であるにしても、営業外取引として扱ってよいか、検討する必要があります。営業上、現金紛失がありうる状況であれば、管理費としての扱いが適切であり「販売費及び一般管理費」に含める必要があります。

　現金紛失の原因が盗難や横領などの場合には、営業外費用ということになります。その際金額的重要性が高いということであれば、特別損失として処理する必要があります。

211

18 何が特別なのか
特別利益・損失

 特別項目に含まれるもの

　特別利益・特別損失に含まれるものとしては、大きくいうと、当期の経常的な経営活動と直接関係のないもの（臨時損益）、または発生の原因が当期以外の期間における経営活動に基づくもの（前期損益修正）、の2つのタイプが該当するとされていました。ところが、2009年12月4日に企業会計基準委員会から、企業会計基準第24号「会計上の変更及び誤謬の訂正に関する会計基準」および企業会計基準適用指針第24号「会計上の変更及び誤謬の訂正に関する会計基準の適用指針」（以下、「過年度遡及会計基準等」）が公表され、2011年4月1日以後開始する事業年度の期首以後に行われる会計上の変更および過去の誤謬の訂正から適用されることになりました。

　そのため、以前は前期の損益を修正するような事象が発生した場合は、特別利益・特別損失で処理されていましたが、過年度遡及会計基準等の適用以降は、過去の財務諸表を修正再表示することになりました。ここでいう過去の誤謬の訂正による修正再表示とは、過去に確定した決算を修正するものではなく、前期の期末残高に、過去の誤謬の訂正による累積的影響額を加えたものを、当期の期首残高として修正して改めて表示し直すというものです。したがって、特別項目に前期損益修正は含まれないことになりました。

また、臨時損益以外の、通常は経常項目に含まれるものであっても、金額が異常であることによって異常項目の性格を帯び、特別項目に含まれるということもあります。つまり臨時かつ巨額な項目も含まれることになります。逆に臨時損益であっても、金額が僅少なものまたは毎期経常的に発生するものは、経常損益計算に含めることもできます。

難しいのは、金額がいくら以上であれば異常と判断されるかということです。これは会社の財政状態および経営成績の状況にもよりますが、基本的にはそれぞれの会社で決めればよいと考えられます。ただ、特別項目はその名のとおり「特別な項目」であり、経常損益を構成しないほどのものですから、毎期経常的に出てくるような取引ではないということだけ気を付ける必要があります。実務上、以下の項目については、特別項目として処理することが決まっていますので、理解しておく必要があります。

特別利益または特別損失として処理すべきもの（例示）

【臨時損益項目】
- 固定資産売却損益
- 負ののれん発生益
- 設備の廃棄による損失
- 転売以外の目的で取得した有価証券その他の資産の売却・処分による損益
- 企業結合に係る特定勘定の取崩益
- 企業結合における交換損益
- 事業分離における移転損益
- 繰延資産の一時的償却額
- 災害による損失
- 減損損失

特別項目に経常項目が含まれていないか

　このように特別項目は、経常取引を行っているなかでは発生しないと考えられます。もし、特別項目に経常項目が含まれていればそこに「おかしな数字」が存在することになります。

　一般的に、会社は当期純利益を増やしたいと考えています。また当期純利益が増えない状況であったとしても、経常利益はよく見せたいのが経営者というものです。すると、どのような視点で特別項目を見れば「おかしな数字」が見抜けるか、ということも自ずと明らかになります。

　もしある費用、または損失が発生したとき、できる限り特別損失として処理すれば、経常利益は大きくなります。一方、収益が発生したとき、できる限り経常項目として処理すれば、経常利益が大きくなります。後者のケースは売上高、売上原価、販管費、営業外損益をそれぞれ調べなければわからな

いため、「おかしな数字」を発見することが難しいですが、前者のケースは特別項目の内容を確認し、経常項目が含まれていないかどうか調査すればよいため、比較的難しくありません。

小売業を営んでいるある会社は、特別損失として店舗の閉鎖に伴う損失を計上していました。店舗に伴う損失の具体的な内容としては、店舗の除却に伴う建物の除却損や備品の廃棄損・売却損が主なものです。ところが、この会社は、毎年のように店舗を開店し、また閉店しています。しかも毎年一定規模で閉店しています。このような経営状態の場合、店舗閉鎖に伴う損失は、経常性がなく臨時の損失とすることは適切でしょうか。このような場合、店舗の開店・閉店が毎期繰り返し行われていることに着目して、経常項目として処理すべきではないかと考えられます。

また実務上、貸倒引当金繰入額・貸倒損失はよく登場しますので、この貸倒引当金繰入額・貸倒損失は販管費なのか、営業外費用なのか、それとも特別損失なのか、その分け方について整理してみましょう。その際、過年度遡及会計基準等における貸倒引当金の取扱いには気をつけてください。

図表 2-31　貸倒引当金繰入額の計上区分

内　　容	対象債権の種類	計上区分
通常の取引に基づいて発生した債権に対するもの	●売上債権、前渡金 ●営業上の貸付金、立替金	販管費として処理
通常の取引以外の取引に基づいて発生した債権に対するもの	●営業以外の貸付金	営業外費用として処理
通常の取引以外の原因に基づいて発生した臨時的な損失	———————	特別損失として処理
前期以前に計上された貸倒引当金繰入額・貸倒損失の訂正に相当するもの	———————	営業損益または営業外損益として処理※

※貸倒引当金戻入益については、原則として営業費用または営業外費用から控除するか、営業外収益として処理する。なお、過去の貸倒引当金の見積り誤りに起因して発生しているような場合は、過去の誤謬として修正再表示する必要がある。

第 2 章 勘定科目はこう見る！

　なお、ここで「通常の取引」という言葉がでてきますが、「通常の取引」
とは、事業目的のための営業活動において、経常的にまたは短期間に循環し
て発生する取引を指しています。

POINT

　特別項目のなかに、経常項目が含まれていないか留意する。含まれてい
ると、最終利益は変わらないが、経常利益の金額がかわってしまう。

CASE STUDY

内訳明細の「おかしな数字」〜内容は何?

以下の特別損失明細を見て、「おかしな数字」を指摘してみてください。

【特別損失内訳明細】　　　　　　　　　（単位：円）

内訳	金額
貸倒引当金繰入額	15,000,000
本社移転損失引当金繰入額	23,540,000
棚卸資産廃棄損	3,420,000
計	41,960,000

次のポイントに気を付ける必要があります。

① 貸倒引当金繰入額は特別損失で適切か

特別損失として貸倒引当金繰入額が処理されたということは、その内容が通常の取引以外の原因に基づいた臨時的な損失であることを意味します。

たとえば、ゴルフ会員権の減損処理を行う際、預託金部分の減損は貸倒引当金を設定することになりますが、これに対応する貸倒引当金繰入額は、金額的重要性が低い場合を除いて特別損失として処理するのが適切であると考えられます。ゴルフ会員権は「通常の取引」に基づいて発生した債権にあたらないと考えられるためです。

また、固定資産として表示される破産更生債権等に関する貸倒引当金繰入額であるから、特別損失であるという考え方は間違いですので注意しましょう。通常の

貸倒引当金繰入額と同様に考え、通常の取引に基づいて発生した債権に対するものであれば「販売費及び一般管理費」に表示し、通常の取引以外の取引に基づいて発生した債権に対するものであれば、営業外費用に表示するのが適切です。

② 本社移転損失引当金繰入額の内容は何か

本社移転損失引当金は、本社移転の意思決定がなされたことをもって、計上されることが一般的です。実務上問題となるのは、その計上対象となり得る、将来発生が見込まれる費用または損失として、何を含むのかという点です。

たとえば、本社が賃借物件の場合、賃借契約の解約に伴う中途解約違約金や、賃借契約に基づく原状回復費の発生が考えられます。原状回復費は資産除去債務として計上しますが、中途解約違約金は本社移転の意思決定に起因し、発生の可能性も高く金額が合理的に見積もることができるということであれば、引当金の対象になると考えられます。

では、移転費用は対象として適切でしょうか。移転の意思決定のみで、移転費用の発生が当期以前の事象に起因しているとは判断されないため、引当金の認識要件を満たしている場合は多くないものと考えられます。つまり、移転費用は移転サービスの提供を受けた時点で費用処理することが適切なのではないかということです。

このように、引当金の対象となる費用または損失の内容について、過不足がないかどうか十分に注意する必要があります。

③ 棚卸資産廃棄損は特別損失で適切か

棚卸資産の廃棄は通常、「通常の取引」に基づいて発生するものと考えられるため、売上原価として処理されることが適切と考えられます。しかし、棚卸資産の廃棄損が、重要な事業部門の廃止、災害損失の発生などといった臨時の事象に起因し、かつ、多額であるときには、特別損失として処理されることも適切であると考えられます。

したがって、棚卸資産廃棄損の発生原因に留意して特別損失として処理することが適切であるかどうか、検討する必要があります。

第 **3** 章

決算整理仕訳は
こう見る！

決算整理仕訳に潜む
「おかしな数字」

決算整理仕訳に注目する必要がある理由

1 見積りや判断を伴う

　決算時に行われる仕訳を決算仕訳といいます。この決算仕訳には、決算整理仕訳と決算振替仕訳があり、決算整理仕訳とは、損益を確定させるための仕訳をいい、決算振替仕訳とは、確定した損益を剰余金に振替える仕訳をいいます。決算振替仕訳については、経理システムを使用している会社では、自動的に処理が行われるため、あまり気にする必要はありません。一方の決算整理仕訳についてですが、こちらについては、経理システムがすべて自動で行ってくれるかというとそうではありませんので、注意が必要です。

　ではこの決算整理仕訳にはどのような仕訳があるのでしょうか。主なものとしては、以下のようなものがあります。

【決算整理仕訳の例】

① 経過勘定（未払費用、前払費用、未収収益、前受収益）の計上
② 金融商品の時価評価
③ 棚卸資産の評価損の計上
④ 固定資産の減価償却費の計上
⑤ 減損損失の計上
⑥ 引当金（賞与引当金、貸倒引当金など）の計上
⑦ 繰延税金資産・繰延税金負債の計上
⑧ 外貨建取引の期末換算

　これらの決算整理仕訳処理のうち特に注目すべきものには、3つのタイプがあります。1つ目は収益費用の見越し・繰延処理、2つ目は期末時点にお

第3章 決算整理仕訳はこう見る！

ける評価の実施、3つ目は見積り処理です。では、なぜこれらの決算整理仕訳に注目する必要があるのでしょうか。

　通常の仕訳は、その仕訳のきっかけとなる外部資料があり、これに従ってある程度機械的に仕訳を起票すれば正しい処理ができます。しかし決算整理仕訳は、通常の仕訳とは別の業務フローで起票されることが多いという特徴があります。つまり、契約書や請求書といった外部資料のみならず、社内で作成した資料（外部資料をもとに作成することも多いですが）をもとに仕訳を起票するということが多いのです。

　もちろん決算整理仕訳のなかにも、減価償却費の計算のように外部資料はありませんが、いったん償却方法と耐用年数を決めてしまえばシステム上自動的に算定され、仕訳の起票者の恣意性が介入しにくいものもあります。ですがその一方で、見積りや判断を要する決算整理仕訳については、本当にその見積りや判断で正しいのかということが問題となります。さらには、決算整理仕訳は起票漏れがあると、決算数値に大きな影響を与える場合が少なく

ありません。にもかかわらず、外部資料に基づいての機械的な起票ではないため、起票漏れを起こすことも十分考えられるのです。

　実務においては、この決算整理仕訳の起票漏れをなくすため、決算整理事項をチェックリストにして、仕訳に漏れがないかどうか確認するような体制が整えられているケースが多いかと思います。

　このように決算整理仕訳は通常の仕訳と異なる性質を有することから、「おかしな数字」が紛れ込んでいないかどうか、十分に注意する必要があるのです。

　そこで第3章では、決算整理仕訳の中でも特に注意を要するものをとりあげ、具体的にどのような点に注目して決算整理仕訳をとらえれば「おかしな数字」を見抜けるかということについて解説します。

POINT

　決算整理仕訳は見積りや判断を示した社内資料に基づいて起票することが多いため、「おかしな数字」が紛れ込む可能性が高く、注意して見る必要がある。

2 漏れなく計上されていることを どうやって確認するか

経過勘定

　経過勘定とは、未払費用、前払費用、未収収益、前受収益をいい、収益費用の見越し・繰延処理を行う際に使用される勘定科目です。

　たとえば、借入金があったとします。借入金に伴い支払利息が発生しますが、実際に利息を支払うのは当然ながら利払日になります。また、その利息の支払い方も、前払いと後払いがあるとします。

　3月決算において、以下のような借入金があった場合、どのような点に留意すれば経過勘定が漏れなく計上されていることを確認できるのでしょうか。なお、図表3-1は借入金に関する経過勘定を計算した資料で、この会社の貸借対照表上の借入金の残高は、11,000とします。

図表 3-1　前払利息・未払利息算定表

借入先	借入金額	利　率	利払日	利払方法	前払利息	未払利息
A 銀行	1,200	1%	6、12 月末	前払	3	―
B 銀行	2,400	1%	6、12 月末	前払	6	―
C 銀行	2,400	1%	6、12 月末	前払	6	―
D　　社	3,600	2%	6、12 月末	後払	―	18
E　　社	1,200	1%	6、12 月末	後払	―	3

　前払いにおいては、当期の12月に半年分の利息を前払いすることになりますので、翌期の4月から6月の3か月分を前払利息として計上する必要が

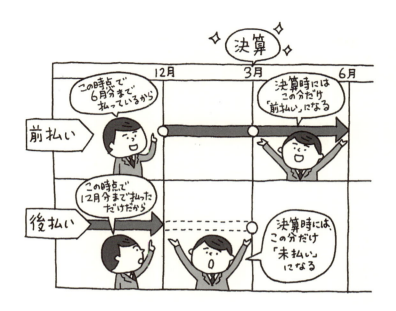

あります。この例においては、A・B・C銀行の利息について、3+6+6＝15を前払利息として算定しています。

一方後払いにおいては、当期の12月に半年分の利息を支払ったのみで、当期の1月から3月の3か月分を未払利息として計上する必要があります。この例においては、D・E社の利息について、18＋3＝21を未払利息として算定しています。

実務においても、おおむねこのような資料を作成し、経過勘定を算定しています。もし、経過勘定の算定に漏れがあれば、損益計算書の営業外費用として計上される支払利息の金額が誤ってしまいます。当然、貸借対照表に計上される前払利息・未払利息の金額も誤ってしまうことでしょう。では、上記の資料は網羅的に正しく経過勘定の算定が行われているといえるのでしょうか。

網羅的に経過勘定が算定されているかを確認するもっとも簡単な方法は、

第3章 決算整理仕訳はこう見る！

上記の例でいえば、借入金額の合計が貸借対照表の借入金の残高に一致しているかどうかを確認することです。ところが上記の借入金額の合計は、10,800で、貸借対照表の借入金残高11,000とは一致していません。つまり差額である借入金200について経過勘定が算定されていないことになります。もしかすると、利払日と決算日が一致しているため、経過勘定の算定表に記載されていないのかもしれません。しかし、そのような借入金の場合であっても、先ほどの算定表に含めて記載するべきです。そうすることによって、網羅的に経過勘定が検討されているということが確認できるようになるのです。したがって、

- 算定表では、借入金額の合計欄を必ず設け、貸借対照表の借入金残高との一致を確認しやすくすること
- 前払利息・未払利息の計算結果がゼロになるものについても、算定表に含めること

が管理上のポイントとなります。

もし、これらのポイントを押さえていない管理がなされているとすれば、そこには、「おかしな数字」が紛れ込む可能性が高いといえるでしょう。

POINT

経過勘定が漏れなく計上されているかどうかは、残高試算表に計上されているその発生原因となる資産および負債と、貸借対照表が一致しているか否かが明らかとなるような方法で管理されていれば、容易に確認できる。

3 会計監査で問題となることが多い
期末評価を要する勘定科目

 期末評価の対象となる勘定科目

　先に見たように、決算整理仕訳のなかで期末に評価を実施する勘定科目があります。これは資産を期末時点の評価額で評価するということで共通したものといえます。勘定科目別に見ると、さまざまな期末評価があることがわかります。

　期末評価を「時価」で行うケースがありますが、たとえば、有価証券の「時価」と有形・無形固定資産の「時価」ではその内容が異なります。有価

図表3-2　期末評価を要する勘定科目例

勘定科目	評価により計上される費用・損失等
売掛金・受取手形	貸倒引当金繰入額
有価証券・投資有価証券	●その他有価証券評価差額金（純資産の部） ●有価証券評価損・投資有価証券評価損
棚卸資産・販売用不動産等	品質低下評価損
	陳腐化評価損
有形・無形固定資産	減損損失
デリバティブ取引	評価損
繰延税金資産	法人税等調整額

※外貨建金銭債権債務の為替換算は、「評価」ではなく「換算」ですが、決算整理仕訳のなかでは「評価」同様に非常に重要な事項です。

第 3 章 決算整理仕訳はこう見る！

証券の「時価」は、取引所における株価をいいますし、有形・無形固定資産の「時価」は、不動産売買市場における実際の取引価格相場をいい、また不動産鑑定士による鑑定評価額を指すこともあります。つまり、同じ「時価」といっても、さまざまなものがあるのです。

　今、自分が見ている「時価」とは何だ、ということを常に意識することは、期末評価が正しい評価額で評価されているかを確認する上でも非常に重要なポイントになります。

2 期末評価における注意点

　この期末に実施される評価は、会計監査でも問題となることが多い項目です。それは、主に次の 2 つの観点から問題となります。

① 期末評価を失念していないか —— 期末評価の要否の判断

　1 つは、期末評価を実施しなければならない勘定科目について、評価すること自体を失念していないか、ということです。

　たとえば、時価のない投資有価証券を保有していたとします。この投資先の会社の実質価額（1 株当たりの純資産に保有株数を乗じたもの）と当該投資有価証券の簿価を比較し、実質価額が簿価の 50% 以下になっているような場合、特別な理由がある場合を除き減損処理しなければなりません。しかし、この「減損処理を行わなければならない状況に投資先の会社があるかどうか」ということの検討自体が失念され、減損処理が行われないままとなってしまうことがあります。なかには、投資先の会社が債務超過になっているにもかかわらず、特別な理由もないまま減損処理が行われていないこともあり

ます。

　また、期末評価で特に問題になることが多いのは、棚卸資産の評価です。

　ある会社で、棚卸資産の滞留状況を調査していました。すると、10年滞留している部品があることが判明しました。担当者に確認すると、「これは保守部品で、もっておかなければならないものです。ですので資産価値はなくなりません」とのことでした。しかし、その在庫数量と部品の払出しのペースを計算してみると、すべての保守部品を払い出すまでに50年くらいかかる計算になっていたのです。つまり、過剰在庫になっていたわけです。

　保守部品であっても、売却することによって現金を回収できるようなものであれば、評価減する必要はないと考えられますが、保守以外に使いようがないものとなれば、過剰在庫分は何らかの評価減が必要になります。

　たとえ滞留していたとしても使用価値があれば評価減は不要ですが、使いきれないほどの過剰な在庫であれば評価減しなければならない、という点を失念しがちだということです。

第3章 決算整理仕訳はこう見る!

② 何を評価額とするか —— 合理的な見積り

　もう1つの問題は、評価額として何を使用するかという点です。たとえば、回収可能額で評価する売上債権や繰延税金資産であれば、その回収可能額をどのように算定するか、という問題が起こります。そこで見積りという作業が必要になります。

　売上債権であれば債権区分を行った上で、貸倒実績率法、キャッシュ・フロー見積法、財務内容評価法のいずれかにより回収額を見込むことになります。また繰延税金資産であれば、会社区分に応じ、スケジューリング（将来減算される一時差異の解消見込年度と解消見込額を見積もること）やタックス・プランニング（たとえば、含み益のある不動産や有価証券等の売却等といった、将来的に課税所得を発生させる計画）により回収可能額を見込みます（次頁図表3-3）。

　なお、見積りについては、次の **4** で詳しく述べることとします。

　見積りには、判断を伴うことが多く、経営者（もしくは経営陣）がどのようなアクションを起こす意図があるか、ということが大きく影響します。そのため、評価額として何を使用するかということについて、見積り方法の合理性もさることながら、経営者の意図も考慮した上で、判断する必要があります。

　ある会社で繰延税金資産の回収可能性を検討したときのことです。その会社は、減損処理した土地を保有しており、減損処理した際に計上された減損損失は税務上有税で処理され、当該将来減算一時差異は繰延税金資産として計上されていました。スケジューリングの際、その土地をいつ売却するのかというタックス・プランニングいかんによっては、回収可能となる繰延税金資産の金額に違いが生じるような状況になっていました。社長は「2年後に土地を必ず売却します」と主張し、2年後に当該土地の一時差異が解消されるようなスケジューリングを作成しましたが、それを裏付けるものが何もあ

3 会計監査で問題となることが多い

図表 3-3 企業分類と繰延税金資産の回収可能性

分類	66号における説明	適用指針第26号	
		分類要件	繰延税金資産の回収可能性
分類1：十分な課税所得がある会社	期末における将来減算一時差異を十分に上回る課税所得を毎期（当期およびおおむね過去3年以上）計上し、その経営環境に著しい変化がない会社	次の要件をいずれも満たす企業 ① 過去（3年。以下同様）及び当期のすべての事業年度で、期末における将来減算一時差異を十分に上回る課税所得が生じている。 ② 近い将来に経営環境に著しい変化が見込まれない。	●スケジューリング可能分・不能分 ⇒全額について回収可能性あり。
分類2：業績は安定しているが、期末における将来減算一時差異を十分に上回るほどの課税所得がない会社	当期および過去（おおむね3年以上）連続して、ある程度の経常的な利益を計上しているような会社	次の要件をいずれも満たす企業 ① 過去及び当期のすべての事業年度で、臨時的な原因により生じたものを除いた課税所得が、期末における将来減算一時差異を下回るものの、安定的に生じている。 ② 近い将来に経営環境に著しい変化が見込まれない。 ③ 過去及び当期のいずれの事業年度においても重要な税務上の欠損金が生じていない。	●スケジューリング可能分 ⇒回収可能性あり。 ●スケジューリング不能分 ⇒回収可能性なし。 ただし、損金算入時期が個別に特定できないが将来のいずれかの時点で損金に算入される可能性が高いと見込まれることを、企業が合理的な根拠をもって説明する場合、回収可能性があるものとする。
分類3：業績が不安定な会社	過去に経常的損益が大きく増減しているような会社	次の要件をいずれも満たす企業 ただし、過去において重要な税務上の欠損金の繰越期限切れの事実や当期末に期限切れが見込まれる場合は除く。 ① 過去及び当期において、臨時的な原因により生じたものを除いた課税所得が大きく増減している。 ② 過去及び当期のいずれの事業年度においても重要な税務上の欠損金が生じていない。	●将来の合理的な見積可能期間（おおむね5年）以内のスケジューリング可能分 ⇒回収可能性あり。 ●5年を超えるスケジューリング可能分 ⇒回収可能であることを企業が合理的な根拠をもって説明する場合、当該繰延税金資産は回収可能性があるものとする。

231

第3章 決算整理仕訳はこう見る！

分類4： 税務上の繰越欠損金が存在する会社	期末において重要な税務上の繰越欠損金が存在する会社や過去おおむね3年以内に重要な税務上の繰越欠損金の繰越期限切れとなった会社、あるいは期末において重要な税務上の繰越欠損金の繰越期限切れが見込まれる会社。また、過去の経常的な利益水準を大きく上回る将来減算一時差異が期末に存在し、翌期末も重要な税務上の繰越欠損金の発生が見込まれる会社も同様	次のいずれかの要件を満たし、かつ、翌期において一時差異等加減算前課税所得が生じることが見込まれる企業。 ① 過去又は当期において、重要な税務上の欠損金が生じている。 ② 過去において、重要な税務上の欠損金の繰越期限切れとなった事実がある。 ③ 当期末において、重要な税務上の欠損金の繰越期限切れが見込まれる。	●翌期のスケジューリング可能分 ⇒回収可能性あり。 ●一時差異等加減算前課税所得が安定的に以下の期間生じることを企業が合理的な根拠をもって説明するときは、 ・5年超⇒分類2 ・おおむね3年から5年程度⇒分類3 に該当するものとして取り扱う。
	分類4の但書の会社 会社分類4の会社のうち、例外として、重要な税務上の繰越欠損金や過去の経常的な利益水準を大きく上回る将来減算一時差異が、事業のリストラや法令等の改正等により非経常的な特別の原因で発生したもので、それを除けば課税所得を毎期計上している会社。		
分類5： 過去に連続して重要な税務上の欠損金を計上している会社	過去おおむね3年以上連続して重要な税務上の欠損金を計上している会社で、かつ、当期も重要な税務上の欠損金の計上が見込まれる会社。また、債務超過の状況にある会社や資本の欠損の状況が長期にわたっている会社で、かつ、短期間に当該状況の解消が見込まれない会社も同様	次の要件をいずれも満たす企業 ① 過去及び当期のすべての事業年度において、重要な税務上の欠損金が生じている。 ② 翌期においても重要な税務上の欠損金が生じることが見込まれる。	●繰延税金資産の回収可能性なし。

※企業会計基準適用指針第26号「繰延税金資産の回収可能性に関する適用指針」および監査委員会報告第66号をもとに作成

りません。もしかすると、社長が翻意する可能性も考えられます。もしここで社長が、「2年後の設備投資計画を考えると、その資金を調達する必要がある。そのためには土地を売却するのが適当だ」と考え、その準備を整えていたならば、当然その投資計画やほかの取締役に対する説明のための資料等が存在するはずです。

　ここで重要になるのは、取締役会等の承認を得た土地売却の計画が存在するかどうか、ということでしたが、このケースでは結局、取締役会等の承認等の事実はありませんでした。このときの社長の意図は、「繰延税金資産を取り崩したくないので、土地を売るというように説明しよう」といったところでしょう。

　これは社長が主張したことが、そのまま社長の意図を表していないひとつのケースでしたが、このように社長の意図がどこにあるのかを踏まえつつ、評価額が適切かどうか判断していかなければ、期末評価した結果に「おかしな数字」が含まれているかどうか、気付くことはできません。

POINT

① 期末評価を必要とする勘定科目には、以下に十分注意する。
- 期末評価を失念していないか
- 期末評価を実施する際の、評価額には何を使用しているか

② 評価額として見積りを利用することがあるが、これには経営者の判断を伴うことが多く、その判断を行った意図はどこにあるのか、正しく把握しておく必要がある。

4 どこまで正確さが求められるか
見積りを伴う勘定科目

見積りを伴う勘定科目とは何か

　決算整理仕訳において、見積りを行い、仕訳を起こす必要がある勘定科目があります。主として引当金と税効果会計における繰延税金資産がそれに当たります。これらの勘定科目については、客観性の高い会社外部の資料のみに基づいて仕訳が起こされるわけではなく、社内の資料に基づく部分が大きいのが特徴です。

　たとえば、経費の支払いという取引を考えてみます。経費の支払いについて、通常取引先から請求書が送られてきます。会社は基本的にはこの請求書の金額をもとに経費を計上し支払うことになります。請求書は、取引先が作成するものですから、客観性の高い外部資料ということができます。外部資料に基づき仕訳を起こすということは、担当者によって数字が変わるというリスクはほとんどありません。つまり、誰が処理しても同じ金額で仕訳が起こされることになります。

　しかし、会社内部の資料に基づいて仕訳を起こす場合、その社内資料の作り方によっては、数字がかわってくるおそれがあります。たとえば、貸倒引当金を個別にいくら計上するか、回収可能な繰延税金資産はいくらあるか、などについては、どうしても社内で合理的に見積もって判断した上で決算処

理せざるを得ません。もし見積りの仕方が担当者によって異なり、さじ加減一つで、決算数値がかわってくるとすれば、正しい決算とはいったい何だろう、ということになってしまいます。

経営者の意図がどこにあるか

　では、見積りが正しく行われているかを確認する上で、どのようなポイントに留意すればよいでしょうか。

　第1章の 5 で「経営者の意図が決算数値に影響を与える」という解説をしました。その意図がもっとも反映しやすいものの1つが、この見積りを伴う勘定科目です。

　もし、経営者が「当期純利益を前期より多く計上したい」と考えたとします。その背景には、「上場を果たす上で必要条件だから」というように、何としても会社として達成したいという目的によるものから、社長個人として「自分が社長の代では、増収増益のトレンドを維持したい」とか「配当を維持したい」など、さまざまあることでしょう。

　重要なことは、経営者の意図がどこにあるかを知ることにより、見積りにどれほどの「無理が生じる」か、ということを把握することです。「無理が生じる」というのは、見積りはあくまで客観的かつ合理的に実施されなければならないにもかかわらず、ムリヤリな客観性や合理性を持ち込んで、客観性や合理性というハードルを下げて見積りを行うことです。

無理な見積りは必ず論理破綻する

　ある会社で、利益計画に基づいて繰延税金資産の回収可能性を判断するということがありました。その会社では、赤字転落を避けたいがために、「繰延税金資産の取崩しを避けたい」という経営者の意図が明確でした。利益計画を見ると、まさに右肩上がりの計画になっており、順調に売上高が増加するというものになっています。私は、「経営者の意図から判断すると、利益計画の見積りに『無理が生じる』可能性が高いな」と考え、利益計画の策定過程を十分に確認する必要があると判断しました。

　そこでまずは、「この利益計画の策定の根拠となった資料を見せてください」と経理部長に依頼しました。すると、その会社が取り扱っている製品群ごとの販売計画と原価が年度ごとに明らかになっている資料が提出されましたので、この資料に早速目を通したところ、ある製品群の販売計画が目に飛び込んできました。なんとその製品群の販売計画は、毎年20％以上のペースで増加していたのです。

　もちろん取り扱う製品によっては、このような増加率で売上が伸びることも考えられます。それでも念のため、「この製品群につき、この増加率で売上高が増加する根拠はありますか」と経理部長に確認したところ、ある研究所の作成したマーケットリサーチが提出されました。確かに、その製品群については、マーケット自体が拡大傾向にありましたが、その伸び率は、せいぜい10％程度のものでした。私はさらに「この製品群について、マーケットの伸び以上に、製品が販売できるという見込みの根拠は何でしょうか」と確認したところ、その経理部長は「そこまで、確認しなければいけないのでしょうか」といって、特に根拠がないことを告白しました。

　さらに今度は、経費にも着目しました。売上高が増加する計画をとってい

るならば、一般的には販売増加に伴って輸送費や販売手数料等の販売費も増加すると考えられます。加えて、その拡大の仕方によっては、人件費が増加するということも考えられます。にもかかわらず、このとき会社が作成した経費発生の見込みを見ると、なぜかさほど販売費は増加しないものとなっていたのです。これについても経理部長に確認したところ、やはり明確な回答は得られませんでした。

　この事例から明らかとなることは、この会社には、「利益が増加するような計画をつくらなければならない」というプレッシャーが存在していたということです。そしてその利益計画に何とか客観性や合理性をもたせるために、外部資料であるマーケットリサーチまで準備したのです。しかし、販売計画の伸び率自体の根拠づけや、販管費が増加しない理由についての準備まで手が回らなかったのでしょう。つまり、ムリヤリに客観性と合理性を持ち込んだ見積りを行おうとしたのです。

　無理な見積りはこのように必ずどこかで論理破綻を引き起こします。「見積りは将来のことなのでわかるはずはない」といってしまえばその通りですが、合理的かつ客観的に考えてある程度正確に見積もらなければならないというのが、会計の考え方です。

合理的な前提条件とは

　合理的な見積りを行う上で重要な点は、見積りを行う上での前提条件にあります。見積りは何かしらの前提条件に従って算出されます。たとえば、先ほどの利益計画でいえば、「販売計画は毎年X%増加するという前提」や「経費は増加しないという前提」です。同様に貸倒引当金を考えますと、総括引当法（債権をまとめて過去の貸倒実績率により見積もる方法）による貸倒引当金の計上では、「過去の貸倒実績率と同率の貸倒れが将来発生するという前提」があると考えられます。

　見積り方法において、このような「過年度と同様な状況が将来も発生するという前提」（以下、「過年度ベースの前提」と呼びます）を用いることが実務上少なくありません。未来は過去の延長であるということでしょう。では、この過年度ベースの前提条件は、常に合理的なものといえるのでしょうか。

　たとえば、過去から毎年約10%売上高が伸びているとします。同様に、翌期も10%売上高が伸びるか、といった場合、それを積極的に否定する要因がないと考えられるならば、翌期も10%売上高は伸びると推定することは、合理的であると判断して問題ないでしょう。ただ、ここでもし積極的に否定する要因が存在するということであれば、過年度ベースの前提はそのままでは使えないということになります。その際、考えられる前提は、「過年度ベースの前提を補正した前提」を考えることが、もっとも簡便で合理的であると思われます。売上高が翌期10%伸びない要因として、マーケットが飽和状態になりつつある、という事象が観察されるならば、これを加味し、この10%を補正してたとえば5%や1%にするということが考えられます。その補正方法ですが、期待値を使用することが考えられます。

発生確率 50% という考え方

　数学的な話になりますが、将来3分の1の確率で1倍、3分の1の確率で3倍、3分の1の確率でゼロになるようなくじが100円で販売されていた場合、このくじの期待値はいくらになるでしょうか。

$$期待値 = 100 \times 1 \times \frac{1}{3} + 100 \times 3 \times \frac{1}{3} + 100 \times 0 \times \frac{1}{3}$$
$$= 133.33\cdots$$

　したがって、このくじ100円は将来133円に化けることが期待されるということになります。

　この考え方を、利益計画の策定に利用することができます。

　販売見込みとして、売上高が10%増加する状況になる可能性は40%、20%増加する状況になる可能性は40%、30%増加する状況になる可能性は20%と考えられたとします。すると増加率の期待値としては、

$$期待値 = 10 \times 0.4 + 20 \times 0.4 + 30 \times 0.2$$
$$= 18$$

　したがって、18%の増加率が期待されると考えられます。

　このように期待値を利用することは、そもそも「ある状況が発生する確率自体がわからない」ということもあり、実務的にはあまり利用されていないかもしれません。しかし、「ある事象が起こるか起こらないかわからない」という状況に直面することはけっして少なくありません。

　たとえば、「この製品がヒットすれば売上高は2倍になるが、ヒットしなければ売上高はかわらない」という状況だったとします。「ヒットするかどうかはわからない」ということは、2倍になる確率とかわらない（1倍にな

第3章 決算整理仕訳はこう見る！

る）確率は、同率だと考えられます。すると、

$$期待値＝2×0.5+1×0.5$$
$$＝1.5$$

したがって、1.5倍の売上高の増加が期待されると考えられます。

もう1つ例を挙げます。ある売掛金100が貸倒懸念債権として区分されました。この売掛金の回収可能性に問題があるのはわかりますが、全額回収できるかどうか、まったくわかりません。いくらの貸倒引当金を計上すべきでしょうか。このときの考え方としては、全額回収できない可能性が50%、全額回収できる可能性が50%とし、売掛金の回収可能額の期待値は50となります。

$$期待値＝100×0.5+0×0.5$$
$$＝50$$

したがって、回収が見込める金額は50であるため、50の貸倒引当金を計上すればよいということになります。実際に「金融商品会計に関する実務指針」第114項では、「例えば、貸倒懸念債権と初めて認定した期には、担保の処分見込額及び保証による回収見込額を控除した残額の50%を引き当て、次年度以降において、毎期見直す等の簡便法を採用することも考えられる」と定められています。これは、残額の全額を回収できるケースとまったく回収できないケースが同率で発生しうるとの状況が存在していると考えられる場合、つまり「どうなるかわからない」と考えられる場合、発生確率として0%と100%の平均値である50%を用いるということは、ある程度の合理性があると考えられる、ということなのです。

もちろん、もし回収できる可能性のほうが高いと考えられた場合は、50%にならないのはいうまでもありません。

240

どこまで正確性が求められるのか

「見積りはどこまでの正確性を要求されるのか」という疑問に対して、正しく回答するのは難しいものです。ただいえることは、「合理的な前提条件に立って見積もられた金額は、正しい」ということです。

見積り時に想定した前提条件が、最善のものと判断される場合には、たとえ結果として実際に発生した金額とかい離していたとしても、やむなしと考えるしかありません。重要なことは、この前提条件が本当に正しかったかということについて、事後的に検証できているかという点です。

「過年度ベースの前提条件で見積もった結果、実際発生額とかい離してしまった。その原因は、過年度ベースの前提条件を補正しなかったからなのか、そもそも過年度ベースの前提が誤りであり、別の条件を立てるべきだったのか」——こうした事後的な分析を繰り返すことにより、また同様の見積りを行う際の見積り精度が高まることになるのです。経営者の意図が、可能な限り正確に見積もることにあり、見積りの精度が向上している状況において見積もられた数字は、「正確な数字である」と考えることができます。

> **POINT**
>
> 決算整理仕訳には、見積りを伴うものもあるが、見積りに当たっての経営者の意図が健全であり、合理的な前提に基づいて、毎期事後的にこの前提が検証されているようであれば、自ずと見積りの精度は高まり、正確に見積もられていると考えてよい。

著者紹介

山岡 信一郎（やまおか・しんいちろう）
公認会計士
1993 年　慶應義塾大学経済学部卒業
1994 年　監査法人トーマツ（現 有限責任監査法人トー
　　　　　マツ）入所
2007 年　監査法人トーマツ（現 有限責任監査法人トー
　　　　　マツ）退所後、株式会社ヴェリタス・アカウン
　　　　　ティングを設立、代表取締役社長に就任。同
　　　　　年、弁護士である父と山岡法律会計事務所を
　　　　　開業、現在に至る。

　著書に『試験に出ない仕訳の本』（清文社）、『企業会
計における時価決定の実務』（共著、清文社）があり、
「旬刊経理情報」（中央経済社）ほかにおいても執筆実績
がある。

株式会社ヴェリタス・アカウンティング

　会計コンサルティング業務、特に内部統制報告制
度に関する支援業務や企業会計に関する企業研修を
中心に展開。また山岡法律会計事務所とともに、企業
法務に関するアドバイザリー業務も実施している。
　e-mail : info@veritas-ac.co.jp

新訂版 少しのコツで不正・ミスを賢くチェック！
「おかしな数字」をパッと見抜く会計術

2016 年 5 月 16 日　新訂版発行
2021 年 3 月 30 日　新訂版第 5 刷発行

著　者　　山岡 信一郎 ©

発行者　　小泉 定裕

発行所　　株式会社 清文社

東京都千代田区内神田 1-6-6 （MIF ビル）
〒101-0047　電話 03（6273）7946　FAX 03（3518）0299
大阪市北区天神橋 2 丁目北 2-6 （大和南森町ビル）
〒530-0041　電話 06（6135）4050　FAX 06（6135）4059
URL https://www.skattsei.co.jp/

印刷：美研プリンティング㈱

■著作権法により無断複写複製は禁止されています。落丁本・乱丁本はお取り替えします。
■本書の内容に関するお問い合わせは編集部まで FAX（03-3518-8864）でお願いします。
■本書の追録情報等は、当社ホームページ（https://www.skattsei.co.jp/）をご覧ください。

ISBN 978-4-433-66416-9